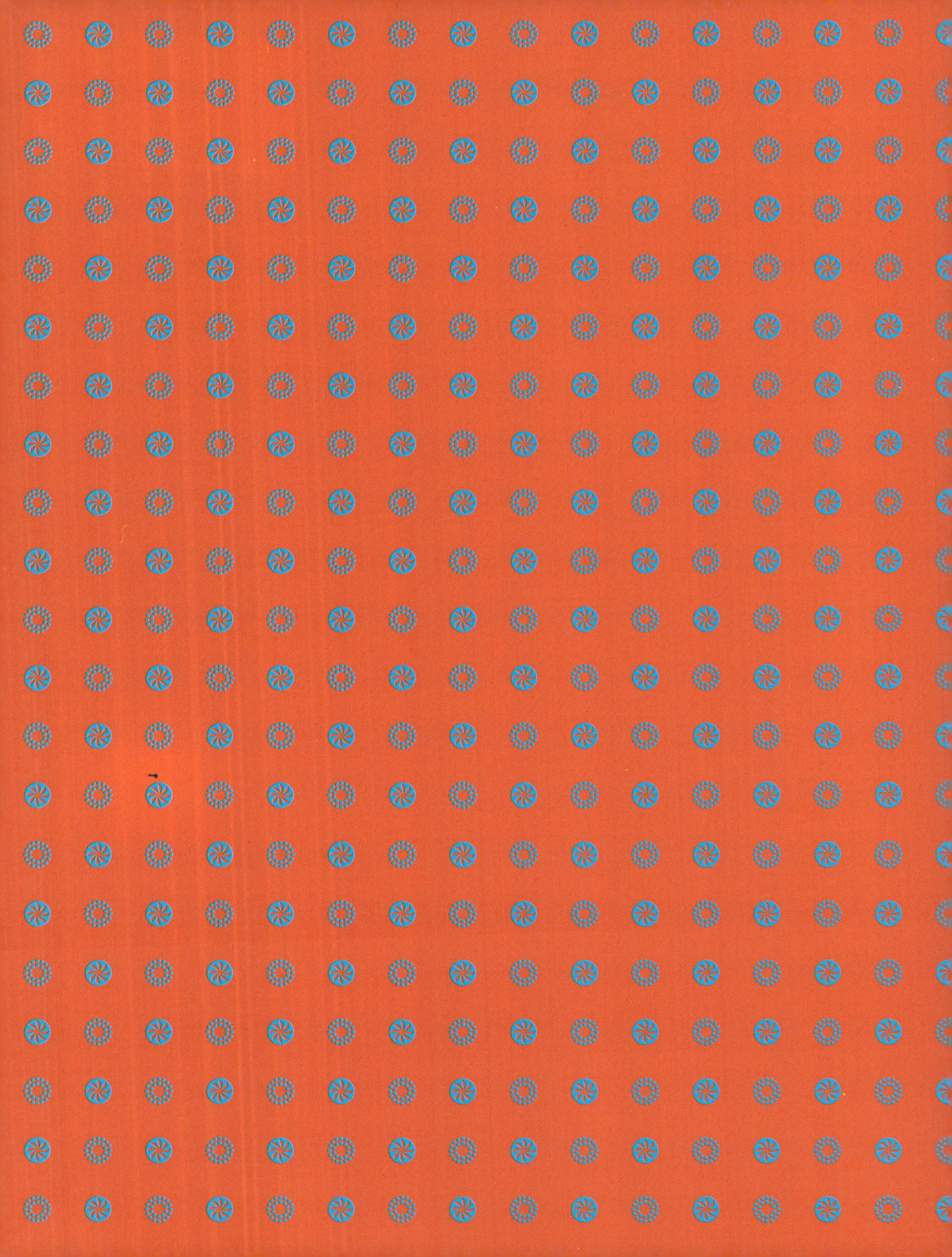

자연과 만나는 우리 한옥 이야기

이재윤 글
대학교와 교육대학원에서 수학을 공부했고, 지금은 어린이들이 쉽고 재미있게 읽을 수 있는 책을 기획하고 쓰고 있습니다. '웅진 과학 탐험', '집요한 과학씨', '야무진 과학씨' 시리즈를 기획하고, 쓴 책으로 《우주선 타기는 정말 진짜 너무 힘들어》, 《공기를 타고 달리는 소리》, 《불 박물관》 등이 있습니다.

이경국 그림
홍익대학교에서 가구 디자인을 전공하고, 같은 학교 대학원에서 사진 디자인을 공부했습니다. 2008년 볼로냐 국제아동도서전에서 올해의 일러스트레이터로 선정되었습니다. 그린 책으로 《누굴 닮았나?》, 《보고 싶었어》, 《쓰레기가 쌓이고 쌓이면》, 《사람과 세상을 잇는 다리》, 《검은 눈물, 석유》 등이 있습니다.

조정구 인터뷰
현대 건축에서 출발해 지금은 한옥을 현대 건축의 대안으로 고른 건축가입니다. 2001년에 서울 '북촌마을' 한옥을 다시 짓는 작업을 맡으면서 한옥과 만났습니다. 그 뒤 서민들이 살았던 20세기 도시 한옥의 매력에 빠져들었고, 자신도 1958년에 지은 한옥으로 이사해 살고 있습니다. 우리나라 최초의 한옥 호텔 '라궁'과 안동 군자 마을 회관, 한옥 어린이 도서관 '글마루' 등을 설계하고, 서울 원서동 궁중 음식 연구원, 인사동 누리 레스토랑과 식당 지리산 등을 현대 한옥으로 다시 지었습니다.

자연과 만나는 우리 한옥 이야기

이자윤 글 · 이경국 그림 · 조정구(건축가) 인터뷰

www.totobook.com

글쓴이의 말

자연을 꼭 닮은 우리의 전통 집, 한옥

여러분은 어떤 집에서 살고 있나요? 요즈음 사람들은 물질적 풍요만을 추구하던 삶의 방식에서 벗어나 몸과 마음 모두 건강한 삶을 추구하고 있어요. 이러한 현상은 먹거리, 입을 거리뿐만 아니라 주거 공간인 집에서도 나타나고 있지요. 숨 가쁜 도시 생활을 버리고 여유로운 전원생활을 즐기는 사람들이 늘어나면서 건강한 집에 대한 관심도 높아졌지요. 특히 우리의 전통 가옥인 한옥이 주목을 받고 있답니다.

그런데 한옥이 이렇게 주목을 받는 이유는 무엇일까요? 한옥의 집터, 대문, 담장, 방과 마루, 부엌 등을 하나하나 돌아보며 그 답을 찾으려고 해요. 한마디로 한옥이 '참살이' 주택으로 인기 있는 까닭은 친환경 집이기 때문이에요.

한옥은 아주 오래 전부터 우리 조상들이 살아온 집이에요. 우리 땅에서 나고 자란 재료로 자연과 어울리게 지은 집이랍니다. 자연에서 나온 그대로의 흙과 돌, 나무는 사람들에게 좋은 기운을 전해 주어요. 또 창호는 햇빛과 바람을 걸러 순한 빛과 맑은 공기뿐만 아니라 습도까지 조절해 주지요. 결국 집이 곧 자연이니까 사람도 자연과 호흡하며 사는 것과 마찬가지랍니다.

또한 한옥은 사계절이 뚜렷하고, 여름과 겨울의 기온 차가 큰 우리나라 기후에 알맞은 과학적인 집이에요. 온돌과 마루가 있어 여름에는 시원하게, 겨울에는 따뜻하게 보낼 수 있거든요.

게다가 한옥에는 더불어 살아가는 삶이 담겨 있어요. 낮은 담장 사이로 수시로 이웃과 소통하고, 마루와 마당에서 함께 일을 하며 교감하는 따뜻한 공간이지요. 이렇게 한옥은 단지 추위와 더위를 피하고 잠을 자는 공간이 아니라, 가족과 이웃이 함께 정을 나누는 곳이랍니다.

물론 지금은 옛날과 생활 환경이 많이 변했기 때문에 한옥이 불편한 점도 많아요. 그럼에도 불구하고 건축가들은 한옥이 미래 건축의 대안이 될 수 있다고 생각한답니다.

여러분은 어떤 집에서 살고 싶나요? 그 답이 꼭 한옥일 필요는 없어요. 지금 살고 있는 집을 떠나 한옥에서 살자는 것은 아니니까요. 다만 한옥에 담긴 우리 조상들의 지혜와 삶의 여유, 자연과 조화롭게 살고자 한 정신을 살펴보며 집이 우리에게 어떤 의미를 갖는지 한 번쯤 생각해 보면 좋겠어요.

이재윤

책 읽기의 차례

004 글쓴이의 말 │ 자연을 꼭 닮은 우리의 전통 집, 한옥

134 온고지신 인터뷰 │ 한옥 마당은 큰 선물 같은 곳이에요

142 온고지신 정보 마당 │ 우리 생활 속에 스며드는 한옥

- **008** 한옥으로 놀러 갈래? •한옥•
- **020** 우뚝 솟은 대문 좀 봐! •대문과 담장•
- **036** 마당은 쓸모도 많지 •마당•
- **056** 방에는 온돌을 깔았어 •방과 온돌•
- **074** 바람이 다니는 마루는 참 시원해 •마루•
- **090** 남자는 부엌 근처에도 얼씬거리면 안 돼! •부엌•
- **104** 창도 많고 문도 많아 •창호•
- **118** 힘차게 뻗은 지붕은 커다란 모자 같아 •지붕•

한옥으로 놀러 갈래? · 한옥 ·

산 좋고 물 좋은 곳에 자리 잡은
자연을 꼭 닮은 건강한 집.
바로 우리 고유의 살림집, 한옥이야.

내리뜬 눈, 굳게 다문 입술, 잔뜩 긴장한 표정……. 이게 바로 지금의 나야. 내 이름은 이하륜. 지금 나는 엄마 아빠와 함께 한옥 체험을 가는 중이야. 자동차는 고속도로를 씽씽 달려가는데, 전쟁터에 나가는 군인처럼 내 마음은 불안하고 무겁기만 해.

   일주일 전까지만 해도 난 정말 행복한 아이였어. 얼마 전에 우리 동네에서 제일 멋진 새 아파트로 이사를 했거든. 새 방에 새 책상, 새 침대까지, 모든 게 완벽했어. 게다가 성적까지 올라서 내가 갖고 싶어 하던 최신 게임기까지 아빠가 사 주셨지. 그동안 조르고 졸라도 사 주지 않던 게임기를 말이야. 난 정말 세상에 부러울 게 하나도 없었어. 아빠가 한옥 이야기를 꺼내기 전까지는 말이야!

요즘 우리 아빠는 한옥에 푹 빠져 있어. 뭐, 아빠가 한옥을 사랑하는 건 그렇다고 쳐. 그래서 한옥 공부도 열심이고 한옥 학교까지 졸업한 것도 이해가 돼. 그런데 내가 좀 더 크면 시골에 가서 직접 한옥을 짓고 살 거라나. 이게 말이 돼? 깨끗하고 편한 새 아파트를 놔두고, 한옥 같은 구닥다리 집에서 살겠다는 게 말이야. 그것도 도시가 아닌 시골에서…….

"난 싫어요!"

내가 딱 잘라 말했어. 그랬더니 아빠가 가족 모두 한옥 체험을 한번 가자는 거야. 한옥 구경 가는 셈치고 가 보면 생각이 달라질 거라나 뭐라나.

'으악, 안 돼! 당장 대책을 세워야 해!'

그래서 난 엄마를 내 편으로 만들기로 결심했어. 엄마가 제발 "난 결코, 절대, 한옥에서 살 수 없어요."라고 말하길 바라면서 말이야.

그날부터 난 한옥에 관한 책을 한 권 골라 읽기 시작했어. 왜 이런 말이 있잖아. 적을 알면 백전백승이라고. 으흐흐흐!

책의 내용은, 밤마다 기와집 곳곳을 지키는 신들이 하나씩 나타나 그 집에 사는 사람들을 괴롭히던 나쁜 괴물들을 물리치는 이야기였어. 뭐 그런대로 기와집 모습도 실감 나게 그려져 있고, 그림마다 정보도 가득했어. 덕분에 기와집이 어떻게 생겼고, 어디에 뭐가 있는지, 옛사람들이 기와집에서 어떻게 생활했는지 정도는 알게 되었어.

그런데 책을 읽고 보니, 내가 한옥을 잘못 알고 있었더라고. 아마 너도 나랑 다르지 않을걸? 확인해 볼까? 넌 한옥이 뭐라고 생각하니?

한옥이란 말은 서양식 집을 이르는 양옥과 구별하려고 지은 말이래. 사람들은 한옥이라고 하면 흔히 조선 시대 사람들이 살던 초가집이나 기와집을 떠올리지. 하지만 우리나라 전통 건축 양식으로 지은 집은 모두 한옥이야. 삼국 시대, 고려 시대의 집도 모두 한옥인 거지. 하지만 지금까지 남아 있는 한옥이 대부분 조선 시대 것이기 때문에 사람들이 오해를 하는 거래. 아무튼 한옥은 '우리 조상들이 살림하던 전통 집'이란 말씀!

　책을 다 보고서도 나는 인터넷에서 한옥에 대해 검색해 보고, 한옥 사진도 찾아보면서 아빠와의 대결을 준비했지. 그렇게 일주일이 지났어.

드디어 오늘이 바로 한옥 체험을 가기로 한 날이야. 우리가 찾아가는 한옥은 삼백 년이나 된 조선 시대의 기와집이래. 윤 판서라는 양반이 살았던 집이라 '윤 판서댁'이라고 부른다나?

우리는 아침 일찍 집에서 출발하여, 중간에 휴게소에서 아침 겸 점심을 먹었어. 다시 고속도로를 달린 지 한 시간쯤 지나자 자동차가 고속도로를 벗어나 어느덧 시골길로 접어들었어. 한옥 마을을 가리키는 표지가 눈에 들어왔지. 창문을 내리자 풋풋하고 시원한 바람이 차 안으로 들어왔어.

"흠, 기분 좋아."

갑자기 긴장이 풀리면서 나도 모르게 이렇게 중얼거렸지 뭐야. 다행히 엄마 아빠는 내 말을 듣지 못하셨는지 그저 앞만 바라보고 있네. 정신을 바짝 차려야 해! 만만치 않은 대결이 기다리고 있으니까 달이야.

잠시 뒤, 저 멀리 한옥 마을이 보이기 시작했어. 저기 어딘가에 윤 판서댁이 있겠지? 삼백 년이나 된 집이라니 아주 낡고 낡았을 거야. 으으으!

아빠는 내 맘도 모른 채 혼자 들떠서 콧노래까지 흥얼거렸어. 한옥을 볼 생각에 말이야. 그때 창밖을 바라보던 엄마가 아빠에게 물었어.

"여기가 명당 중의 명당이라면서요?"

"맞아. 전형적인 배산임수의 터에 산에서 좋은 기운이 흘러드는 명당이라고 하더군. 척 봐도 명당은 명당이네."

"배산임수? 책에서 본 것 같긴 한데, 무슨 말이에요?"

난 잠시 얼떨떨했어. 생각이 날 듯 말 듯 했거든.

"그건 말이야, 뒤로는 병풍처럼 둘러싼 산이 있고, 앞으로는 너른 들과 물이 흐르는 땅의 모습을 '배산임수'라고 해. 풍수지리에서 으뜸으로 치는 터가 바로 배산임수 한 곳이란다."

"풍수지리라고요? 그건 또 뭔데요?"

내가 다시 물었더니 아빠가 이러는 거야. 간단히 말해서, 풍수지리는 사람에게 좋은 땅과 나쁜 땅을 가려내는 기준 같은 거라고.

옛사람들은 하늘과 땅, 물과 바람 같은 자연이 사람처럼 살아 숨 쉬며 좋은 기운과 나쁜 기운을 가지고 있다고 믿었대. 그래서 풍수지리에 따라 좋은 기운을 품은 곳에 마을 터나 집터를 잡으면, 그곳에 사는 사람들도 좋은 기운을 받아 화는 피하고 복을 받는다고 생각했다나.

으헤헤, 좋았어! 이런 미신 같은 생각을 하다니. 엄마를 내 편으로 만들

좋은 기회가 온 거야. 아빠는 나한테 무슨 꿍꿍이가 있는지도 모른 채 신이 나서 계속 설명을 했어.

"풍수지리에 따르자면, 좋은 기운을 품은 곳이 바로 배산임수 한 곳이야. 그래서 옛날 마을들은 대부분 배산임수 한 곳에 자리 잡고 있단다. 그런데 지금 우리가 찾아가는 윤 판서댁이 자리한 마을은 배산임수 할 뿐만 아니라, 사방에 있는 산들로부터 좋은 기운이 흘러들고, 샘과 강물이 풍족하며, 땅까지 기름진 명당 중의 명당이란다."

아빠 말이 끝나기 무섭게 내가 큰 소리로 말했어.

"에이, 말도 안 돼요, 안 돼! 풍수지리를 어떻게 믿어요? 그런 미신 같은 걸 믿고 마을 터나 집터를 정하다니 정말 말도 안 돼요! 그렇죠, 엄마?"

"그렇긴 한데……."

이럴 수가! 엄마가 말끝을 흐렸어. 그러자 아빠가 예상했다는 듯이 씩 웃는 거야. 뭐야, 저 기분 나쁜 미소는? 왠지 불길한 느낌이 들었어.

"과연 그럴까? 하륜아, 네가 조선 시대에 살고 있다고 생각해 봐. 그럼 마을 터나 집터를 고를 때 뭘 중요하게 여길 것 같니?"

갑작스러운 질문에 내가 우물쭈물하자, 아빠가 차의 뒷거울로 나를 흘깃 쳐다보더니 다시 말했어.

"옛날에는 주로 농사를 지었잖아? 그래서 밭이나 논을 삼을 만한 기름진 땅이 있는지, 마시고 농사지을 물이 풍족한지를 중요하게 생각했어. 또한 땔감을 구할 산이 가까운지, 추위와 더위를 피하기 좋은 곳인지, 집 지을 재료를 쉽게 구할 수 있는지도 꼼꼼히 따졌지. 더구나 이웃이 될 사람의 됨됨이까지 따졌다니, 할 말 다했지. 그렇다면 이 모든 것을 갖춘 곳이 어딜 것 같니, 하륜아?"

그러자 엄마가 얼른 이렇게 말하는 거야.

"딱 배산임수 한 곳이네요. 산에는 집 지을 나무도 많고 땔감도 많잖아요. 내가 좋아하는 산나물도 많을 테고. 호호호."

아빠가 손은 운전대에, 눈은 앞에 둔 채 고개만 크게 끄덕였어.

"바로 그거지! 배산임수 한 곳은 겨울엔 마을을 둘러싸고 있는 뒷산들이 차가운 바람을 막아 주고, 여름엔 바람이 막힘없이 마을로 불어와서 시원하지. 그리고 마을 앞에는 너른 들과 강이 있으니까 농사지을 땅이나 물 걱정도 전혀 없어."

"그런데요?"

내가 뽀로통하게 굴었어.

"네 말대로 풍수지리는 비과학적인 면도 있어. 그렇다고 모두 무시해서는 안 돼. 어찌 보면 살아 있는 자연을 잘 살펴서 자연과 조화롭게 살아온 옛사람들의 오랜 경험과 지혜가 풍수지리에 고스란히 담겨 있다고 할 수 있거든. 실제로 풍수지리에서 으뜸으로 치는 곳이 좋은 마을 터나 집터라는 사실은 틀림없잖니? 물론 시대가 변하고 생활 방식도 바뀐 만큼, 집터를 고를 때의 기준도 우리 상황에 맞게 조정해야 할 거야. 그렇 되겠지?"

난 마지못해 고개를 끄덕였어. 뭐, 집터를 고르는 기준이 잘못된 건 아니니까. 으악, 아빠에게 졌어. 에이, 속상해! 이렇게 처음부터 지다니…….

그 뒤로도 아빠는 이런저런 얘기를 해 줬어. 옛사람들은 집을 지을 때도 되도록 땅 모양을 그대로 이용했대. 경사진 땅은 경사진 대로 터를 반듯하게 다듬고 나서, 튼튼히 단을 쌓고 그 위에 건물을 세웠다는 거야. 땅을 잘못 건드리면 좋은 기운이 상하여 화를 당할 수 있다고 믿었거든. 그래서 함부로 산을 깎거나 물길을 바꾸지 않았고, 함부로 바위도 파 내지 않았다나. 집을 지으려면 땅부터 파헤치는 요즘에는 상상도 할 수 없는 일이야.

집 짓는 재료도 흙이나 나무, 돌처럼 자연에서 나온 것을 썼대. 알고 보니, 요즘 말하는 자연 친화적인 집이 바로 한옥이더라고. 사람 몸에 좋은 건강한 집 말이야. 엄마는 한옥의 그런 점이 제일 마음에 든대.

또 격식 있는 집을 지을 때가 아니면 재료도 그다지 다듬지 않았대. 생긴 대로 어울리는 곳을 찾아 그대로 갖다 썼다는 거야. 휘어진 나무는 휘어진 문지방이나 기둥이 되고, 울퉁불퉁한 돌은 울퉁불퉁한 주춧돌이나 장독대가 됐대. 아빠가 잊지 말고 윤 판서댁에 가서 직접 확인해 보래.

윤 판서댁에 도착할 즈음, 아빠가 힘주어 이렇게 말했어.

"자연 재료를 그대로 써서 지은 한옥은 그 자체로 하나의 자연이나 마찬가지란다." ★

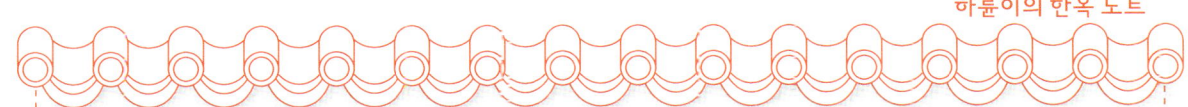

하륜이의 한옥 노트

집의 크기를 법으로 정했다고?

오랜 옛날부터 우리 조상들은 신분에 따라 집의 크기를 정하고 집 안을 장식했어. 조선 시대의 경우 대군은 60간, 왕자나 공주 같은 왕족은 50간, 종친 및 2품 이상은 40간, 3품 이하는 30간, 그리고 벼슬이 없는 일반 백성은 10간을 넘지 못했지. 간은 칸이라고도 하는데, 한옥의 크기를 말하는 단위야. 간은 기둥과 기둥 사이의 길이, 또는 앞뒤 네 기둥이 만든 네모난 공간의 넓이를 뜻해. 1간은 가로세로가 각각 1.8미터쯤 되지.

또한 집을 장식하는 것도 마음대로 못 했어. 일반 백성이 사는 집에는 단청이나 다듬은 돌을 쓸 수 없었어. 만약 법에 다르지 않고 집을 아주 크게 지으면 납작별감이라는 관리가 톱을 가지고 다니면서 기둥을 싹둑 잘라 버렸다고 해. 심지어 성종은 친족이 법에 어긋나게 화려한 집을 짓자 크게 화를 내며 죽이기까지 했지. 그럼에도 99간 집이 아직까지 여럿 남아 있는 것을 보면, 법이 늘 엄격하게 지켜지지 않았거나 불법으로 지어진 집이 많았나 봐.

세 간으로 이루어진 작은 초가집을 '초가삼간'이라고 해. 주로 방 2간, 부엌 1간으로 이루어졌지.

우뚝 솟은 대문 좀 봐!

← 대문과 담장 →

사람도 드나들고 복도 드나드는
한옥에서 처음 만나는 문.
바로 그 집을 나타내는 얼굴, 대문이야.

드디어 윤 판서댁에 도착했어. 기다란 담장과 그 사이로 난 커다란 대문이 제일 먼저 눈에 들어왔어. 마치 커다란 대문이 떡 버티고 서서 우리를 맞이하는 것 같지 뭐야.

우리는 자동차에서 내려 대문 곁으로 다가갔어. 대문 곁에는 먼저 온 사람들 몇몇이 모여 서서 안내판을 보며 웅성거리고 있었어. 안내판에는 한눈에 보기 좋게 윤 판서댁의 배치도가 그려져 있었어.

"우아, 집이 정말 넓다!"

배치도를 보자마자 엄마가 부러운 듯 말했어.

윤 판서댁은 내가 책에서 본 기와집처럼 여러 채의 건물로 되어 있었어. 제일 바깥에는 건물 모두를 빙 둘러싼 기다란 담장이 있고, 건물과 건물 사이에도 담장이 있더라고. 집 안에 또 다른 집이 있는 것처럼 말이야.

잠시 배치도를 보던 아빠가 나를 내려다보며 말했어.

"안으로 들어가서 보면, 이 배치도처럼 집 안에 건물과 마당이 여러 개씩 있을 거야. 대개 양반집은 이렇게 여러 채의 건물로 이루어져 있거든. 그리고 건물도 윤 판서댁처럼 안채, 사랑채, 행랑채로 이루어진 것이 일반적이란

다. 채와 채 사이에는 각각 마당이 있고."

"아빠, 그 정도는 저도 알아요. 마당마다 이름도 다 있잖아요."

"야, 제법인데!"

난 그냥 어깨를 으쓱해 보였어. 그래야 좀 멋질 것 같았거든. 아빠가 살짝 놀랐나 봐. 눈이 동그래졌어. 헤헤헤!

그사이 엄마는 집 주변의 아름다운 풍경에 감탄하며 연신 사진을 찍었어. 아빠는 그런 엄마를 본 둥 만 둥 하고는 성큼성큼 걸어가 대문 앞에 서는 거야. 그러더니 물끄러미 대문을 올려다봤어.

"하륜아, 이리 와서 솟을대문 좀 봐. 정말 멋지지 않니? 어때, 대문만 척 봐도 지체 높은 양반집 같지?"

"아빠도 참, 대문이 뭐가 멋져요? 그냥 커다란 나무판이지 뭐."

나는 대충대충 대답하며 아빠 곁으로 다가가 대문을 올려다봤어. 그런데 이게 웬일이야! 내가 생각한 것보다도, 책에서 본 것보다도 더문이 훨씬 더 으리으리했어. 진짜 부자가 살 것 같았지. 더구나 우뚝 솟은 커다란 대문이 위엄 있게 나를 내려다보는 것 같아서 살짝 기가 죽더라고. 하지만 아빠 말에 맞장구칠 수는 없잖아. 그래서 일부러 시큰둥하게 말했어.

"그러네요."

"그렇지? 옛날에는 대문만 봐도 그 집이 어떤 집인지 알 수 있었단다. 양반이나 부자는 이렇게 크고 번듯한 대문을 세웠고, 일반 백성은 작고 소박한 대문을 세우거나 아니면 아예 대문 없이 살았거든."

"그랬구나. 아빠, 그런데 왜 대문 이름이 솟을대문이에요?"

"대문을 다시 한 번 잘 봐. 대문 지붕이 양옆에 있는 건물의 지붕보다 높게 솟아 있지? 그래서 솟을대문이라고 하는 거야. 또 대문 지붕이 담장 지붕보다 높아도 솟을대문이라고 한단다."

"아하, 그렇구나! 그럼 양반집 대문은 모두 솟을대문이에요?"

"아니야. 처음에는 양반 중에서도 신분이나 지위가 높은 양반만 솟을대문을 세웠어. 종2품이라는 등급 이상의 벼슬아치만 솟을대문을 세우고, 다른 양반이나 부자는 평대문을 세웠지. 평대문은 행랑채나 담장과 높

솟을대문

평대문

일반적으로 평대문이나 솟을대문은 기와지붕을 얹은 대문간에 커다란 널빤지로 만든 판문을 달아. 평대문은 기와집뿐만 아니라 흙담을 둘러친 초가집에도 세웠어.

이가 같은 대문이야. 그런데 양반들이 자신들의 재력과 위엄을 뽐내려고 너도나도 솟을대문을 세우면서 조선 시대 후기에 와서는 기와집에는 대부분 솟을대문을 세웠대."

"그러니까 양반집 대문은 솟을대문 아니면 평대문이구나."

"그렇지."

아빠가 환하게 웃었어. 그러고는 본격적으로 다른 대문 얘기도 해 줬어. 무슨 대문 얘기냐고? 일반 백성들 집의 대문!

일반 백성들은 대개 사립문을 세웠대. 사립문은 나뭇가지를 얼기설기 엮어서 세운 문

사립문은 대개 울타리와 같은 재료로 만들어. 하지만 흙으로 쌓은 담장에 사립문을 달기도 했어.

사립문

제주도에서는 정낭이 대문 역할을 해. 돌기둥에 걸쳐진 정낭이 없으면 집 안에 주인이 있다는 뜻이고, 정낭이 한 개면 가까운 곳으로 외출했다는 뜻이고, 두 개는 오늘 안으로 돌아온다는 뜻이야. 만약 세 개가 걸쳐져 있으면 주인이 멀리 나갔으니 다음에 오라는 뜻이지.

정낭

이야. 싸릿가지나 대나무, 수수의 줄기를 주로 썼지. 이런 재료들은 주위에 흔해서 구하기도 쉽고 돈도 들지 않았어. 그래서 일반 백성들은 사립문을 많이 세웠던 거야. 때때로 흙담을 둘러친 초가집에는 사립문 대신에 평대문을 세우기도 했대.

언젠가 나도 텔레비전에서 본 것 같았어. 왜, 역사극에 자주 나오잖아? 지체 높은 양반집이나 부잣집에는 으리으리한 대문간에 커다란 나무 대문이 달려 있고, 일반 백성들 집에는 쓰러질 듯 세워진 울타리에 엉성한 사립문이 달랑 달려 있는 모습 말이야. 그래도 초가집에는 사립문이 잘 어울렸던 것 같아.

재미있는 건 사립문보다 더 엉성한 대문도 있다는 사실이야. 바로 '정낭'이라는 거지. 들어 봤어?

정낭은 제주도에서 대문 대신 걸쳐 놓은 긴 막대기를 가리킨대. 구멍을 두 개나 세 개씩 뚫은 나무나 돌기둥을 양쪽에 세우고, 정낭을 걸쳐서 대문처럼 사용하는 거야. 이때 막대기가 걸쳐져 있으면 집 안에 사람이 없다는 뜻이고, 내려져 있으면 집 안에 사람이 있다는 뜻이래. 정말 재밌지? 꼭 무슨 비밀 신호 같잖아.

난 잠시 생각에 잠겼어. 도대체 이렇게 있으나 마나 한 대문을 왜 만들었을까? 안이 훤히 들여다보이고 맘만 먹으면 얼마든지 안으로 들어갈 수 있는 대문을 말이야. 헉, 눈치 빠른 아빠가 내 생각을 읽었나 봐! 금세 다정한 목소리로 내게 설명해 주었어.

옛날에는 서로 믿고 살 만큼 사람들의 인심이 좋았고, 도둑도 별로 없었대. 물론 일반 백성들은 도둑맞을 만한 값비싼 물건도 없었지만 말이야. 그래서 굳이 어려운 형편에 돈을 들여 튼튼한 대문을 세울 필요가 없었던 거지. 그저 집에 사람이 있는지 없는지만 알면 되니까 사립문이나 정낭 정도면 충분했다는 거야.

심지어 대문이 아예 없거나 울타리나 담장조차 없는 경우도 흔했다는데 뭐. 담장이 있어도 안을 들여다볼 수 있을 정도로 야트막했대. '여기까지가 내 집이요' 하고 알려 주기만 하면 되니까, 답답하게 높은 담장을 세울 필요가 없었던 거야.

아빠와 내가 이야기를 나누는 동안, 엄마는 여전히 열심히 사진을 찍고 있었어. 우리를 아예 잊은 것 같더라고. 대문 앞을 오가며 찰칵찰칵 사진을 찍느라고 아주 바빴지. 그런데 갑자기 엄마가 고개를 갸우뚱하더니 아빠에게 다가왔어.

"아까부터 궁금했는데, 대문이나 담장에 왜 지붕을 얹은 거예요?"

"아, 지붕? 그건 대문이나 담장이 빗물에 약한 나무나 돌과 흙으로 되어 있기 때문이야. 그래서 빗물에 썩거나 무너지지 않도록 위에 기와지붕을 얹은 거지. 게다가 지붕이 있으니까 번듯하고 좋잖아. 일반 백성들 집에는 값비싼 기와지붕 대신 초가지붕을 얹기도 했어."

"아하!"

"자, 이제 슬슬 안으로 들어가 볼까?"

그때 엄마가 아빠에게 사진기를 건네며 내 팔을 잡아끌었어.

"여기서 우리 좀 찍어 줘요."

찰칵! 엄마랑 나는 솟을대문 앞에서 다정하게 사진을 찍었어. 그리고 나서 우리는 솟을대문 안으로 들어갔지. 넓은 마당 안쪽으로 사랑채가 보였어. 사랑채의 왼쪽 담장에는 안채로 통하는 문도 있었어.

"저 문은 중문이야. 대문이 집 안과 밖을 연결시켜 주는 통로라면, 중문은 대문 안에 있는 문으로 채와 채를 연결시켜 주는 통로야. 저 중문으로 들어가면 안채가 나올 거야."

"그럼 어서어서 사랑채를 보고 안채로 가요."

"잠깐 기다려 봐. 조금 더 살펴볼 게 있어."

난 얼굴을 잔뜩 찌푸리고 말했어.

"네? 더요? 이러다 대문 박사가 되겠어요."

아빠가 껄껄 웃으며, 방금 들어온 대문을 향해 돌아섰어.

"대문 열린 것 좀 봐. 안으로 열려 있지?"

"그게 어때서요?"

"우리가 사는 아파트를 비롯해 서양식으로 지은 집은 대문이 모두 밖으로 열려. 하지만 한옥은 대문이 모두 이렇게 안으로 열린단다. 왜 그럴까?"

"몰라요. 특별한 까닭이 있어요?"

"집 안에 있는 사람이 대문을 열려면 한 걸음 물러나서 대문을 당겨야 해. 한 걸음 물러나 손님을 공손히 맞이한다는 뜻이 담겨 있지. 또 밖에서 들어

오는 사람은 대문을 힘들게 잡아당길 필요 없이 대문을 쉽게 밀고 안으로 들어올 수 있어."

"알겠다! 손님을 배려한 거네요?"

"그렇지. 또 다른 까닭도 있어. 혹시 이 대문처럼 '입춘대길(立春大吉)'이 붙어 있는 걸 본 적 있니?"

"입이추운…… 뭐라고요?"

"입춘대길!"

"음, 잘 모르겠는데요."

"옛사람들은 해마다 봄이면 이 글귀를 대문에 붙이고 집 안으로 복이 들어오길 빌었어. 대문으로 사람뿐 아니라 복도 드나든다고 믿었거든. 그러니까 바깥에 있는 복은 집 안으로 쉽게 들어오고, 집 안에 있는 복은 밖으로 잘 빠져나가지 않도록 대문을 안으로 열리게 만든 거야."

그러고 보니 어디선가 대문에 대해 읽었던 것 같은데, 그 내용이 생각날 듯하면서도 잘 생각나지 않았어. 그게 뭐였더라? 분명히 읽었는데……. 아무리 생각해도 기억이 안 났어. 너무 답답해서 머리를 박박 긁는데, 별안간 어떤 글이 떠올랐어.

"아빠 아빠, 책에서 봤는데요, 대문이 바깥으로 열리면 길도 복잡해지고 지나가던 사람이 놀라거나 부딪힐 수도 있잖아요. 그래서 남에게 불편을 주지 않으려고 대문을 안으로 열리게 만든 거래요."

"맞아, 그런 까닭도 있지."

"어쩜, 우리 아들 똑똑하기도 하지."

"아악! 엄마, 숨 막혀요."

엄마가 내 대답에 감동을 받았나 봐. 글쎄 활짝 웃으며 나를 꽉 껴안는 거야. 아빠도 내 머리를 쓰다듬어 주었어. 엄마 아빠가 칭찬해 주자 어깨가 괜히 으쓱해지며 기분이 좋았어.

"하륜아, 여기 좀 보렴. 이게 뭔지 아니?"

아빠가 대문 가운데를 가리켰어.

"이거요? 에이, 문을 잠글 때 쓰는 빗장이잖아요."

"그래, 문빗장이야. 한옥은 문빗장이 안에만 달려 있어. 그러니까 밖에서는 대문을 열 수 없고, 안에서 문빗장을 빼야 대문을 열 수 있단다."

"정말 그러네! 우아, 대문 하나에도 많은 뜻이 담겨 있네요."

조금 전까지만 해도 그저 그런 평범한 나무 대문이었는데, 지금은 대문이 새롭게 보였어. 에이 참, 이럴 때가 아닌데……. 뭔가 약점을 찾아야 해! 그 순간 번쩍 머리에 떠오르는 게 있었어. 난 큰 소리로 아빠에게 말했어.

"아빠, 한옥 대문은 안 돼요, 안 돼! 대문을 안에서만 열 수 있으면, 나 혼자 있을 때는 어떻게 문을 닫고 나가요? 그리고 일일이 대문까지 가서 열고 닫는 것도 너무 불편해요. 엄마도 그렇죠?"

엄마가 고개를 끄덕였어. 그런데 아빠가 아까처럼 씩 웃는 거야. 다시 불길한 예감이 들었어.

"맞아, 맞아! 너무 불편하지. 그래서 아빠는 대문을 만들더라도 요즘처럼 자동 개폐 장치를 달아 여닫을 수 있게 만들 생각이야. 그럼 문제없겠지?"

"네? 그럼 그게 무슨 한옥 대문이에요?"

"옛날 그대로여야 한옥인 건 아냐. 전통적인 건축 양식을 따르되, 불편한 점을 시대에 맞게 개선한 것도 한옥이야. 그러니까 아빠가 만들려는 대문 역시 한옥 대문인 거지."

엄마가 빙그레 웃으며 지나가듯 말했어.

"뭐, 그럼 문제없네!"

난 할 말이 없었어. 이렇게 간단히 허무하게 끝나다니! 으으으, 난 이번에도 졌어. 아빠는 내가 옛날 한옥만 한옥인 줄 아는 것 같다며 덧붙여 설명까지 하는 거야. 에이, 이게 뭐야! 미리 공부까지 했는데 말이야.

한옥은 오랜 세월 동안 조금씩 변화하고 발전해서 지금과 같은 모습이 된 거래. 지금도 서서히 변화해 가는 중이고. 그래서 새로 짓는 한옥들은 옛 모습과는 조금 다를 거래. 옛날과는 시대도, 생활 방식도 크게 달라졌으니까 요즘 시대에 맞게 개선해야 우리 한옥이 외면 받지 않고 더욱 멋진 한옥으로 거듭나게 될 거라나. 아빠도 새로운 한옥에 대해 고민 중이래. 난 아주 쪼금 궁금해졌어.

'과연 우리 아빠가 꿈꾸는 한옥은 어떤 모습일까?'

하륜이의 한옥 노트

대문으로 들어오는 나쁜 귀신을 막는다고?

우리 조상들은 대문으로 사람뿐만 아니라 액운이나 잡귀도 드나든다고 믿었어. 그래서 대문을 지키는 신을 모시거나 대문에 글자나 그림을 붙여 액운과 잡귀를 쫓았지. 또 대문 위쪽에 가시가 뾰족한 엄나무 가지나 호랑이 뼈 따위를 걸어 놓기도 했는데, 잡귀가 이것을 보고 무서워서 달아나도록 한 거야. 주로 '용(龍)'이나 '호(虎)'와 같은 글자를 붙이거나 용과 호랑이, 또는 무서운 장군 얼굴들을 그림으로 그려 붙였어.

대문에 엄나무 가지를 걸어 놓으면 잡귀가 보고 무서워서 달아날 거라 생각했어.

문에 삼두응 그림을 붙여서 물, 불, 바람으로 재앙을 일으키는 세 가지 나쁜 귀신을 쫓았어. 삼두응은 머리가 세 개인 붉은 새야. 머리가 세 개라 세 귀신을 한꺼번에 쫓을 수 있고, 붉은색이라 귀신이 무서워하지.

설날 아침이면 대문에 '호(虎)' 자와 '용(龍)' 자를 나란히 붙였어. 호랑이와 용이 잡귀를 쫓아 줄 거라 믿었거든.

마당은 쓸모도 많지 -마당-

햇살이 머물고 바람이 산들거리는
텅 비어 있는 넓은 흙바닥.
비어서 쓸모 많은 공간, 바로 마당이야.

아빠는 사랑채를 마주 보고 서서 사방을 휘휘 둘러봤어. 나도 아빠를 따라 해 보았지. 텅 비어 있는 너른 마당에 햇살이 가득했어. 눈이 부셔서 똑바로 쳐다볼 수 없을 정도였지. 난 살

짝 눈을 찡그렸어.

"눈부시지? 바닥에 백토를 깔아서 그런 거야."

"백토요?"

"응. 마당에 흰모래 같은 게 보이지? 그게 바로 백토야. 백토는 화강암이 풍화되어 생긴 흙인데 한옥 마당에는 대개 이렇게 백토를 깐단다."

"왜 백토를 까는데요?"

"여러 가지 까닭이 있지. 벅토는 보통 흙보다 알갱이가 굵어서 마당에 깔면 물이 잘 빠져서 좋아. 또 백토를 깔면 깨끗하고. 집 안도 밝아 보이지."

원래 한옥은 처마가 깊어서 햇빛이 방 안으로 들어오기 힘들대. 그런데 마당에

백토를 깔면 햇빛이 반사되어 방 안이 밝고 환해진다는 거야. 게다가 반사된 햇빛은 직사광선처럼 쨍하지 않고 은은해서 눈이 덜 피곤하고 분위기도 좋대. 한마디로 백토를 간접 조명처럼 이용했다는 말씀!

아빠가 나를 내려다보며 부드럽게 말했어.

"하륜아, 마당을 한번 걸어 볼래? 발소리에 집중하면서 말이야."

'아빠가 무슨 꿍꿍이지? 무얼 하려는 거야?'

난 의심스러운 눈초리로 아빠를 빤히 올려다봤어.

"아빠 말대로 한번 걸어 봐. 어서!"

엄마가 궁금한지 날 재촉했어. 나는 마지못해 터벅터벅 걸었어.

"삭삭! 삭삭!"

어? 내가 걸을 때마다 발소리가 나는 거야. 아까는 잘 몰랐는데, 작지만 분명하게 발소리가 들렸어. 하도 신기해서 나는 있는 힘껏 발에 힘을 주어 다시 성큼성큼 걸어 보았어. 그랬더니 이번에는 좀 더 또렷이 발소리가 났어.

"싹싹! 싹싹!"

"어때, 신기하지? 백토를 깔면 이렇게 발소리가 나서, 방 안에 앉아서도 마당에 사람이 지나다니는 걸 쉽게 알 수 있단다. 발소리가 가까워지면 누군가 오는 것을 눈치채고 방 안에서 옷매무새를 가다듬으며 사람 맞을 준비도 할 수 있고, 캄캄한 밤에 낯선 발소리가 들리면 혹시 도둑이 아닌지 살펴볼 수도 있지. 아마 도둑질하기도 쉽지 않았을걸? 발소리 때문에 숨죽이며 걷기가 그리 쉽지 않았을 테니까. 하하하!"

"헤헤헤, 재밌다."

"호호호, 그러게. 아무튼 옛사람들은 참 똑똑했나 봐."

엄마가 내 말에 맞장구를 쳤어.

"암! 백토 하나만 봐도, 옛사람들이 얼마나 지혜로웠는지 알 수 있지."

아빠가 나랑 엄마를 흐뭇하게 바라보며 말했어.

그런데 아까부터 이상한 게 있었어. 마당이 텅 비어 있더라고. 왜, 서양에서는 마당에 잔디를 깔고 꽃과 나무를 심어 화려하게 정원을 만들잖아.

"아빠, 다른 한옥들도 이 집처럼 마당이 텅 비어 있어요?"

"한옥 마당은 거의 다 이래. 흙바닥으로 된 마당이 대부분 텅 비어 있단다. 마당을 꾸미더라도 담장 아래에 작은 화단을 만들거나 조그마한 연못을 만드는 정도야. 그 대신 집 뒤에 꽃과 나무를 무성하게 가꾸었어."

"왜요? 왜 그런 건가요?"

"자, 자, 잠깐만! 햇볕이 따가워서 안 되겠다. 저기 사랑채로 자리를 옮기자꾸나. 가서 마저 얘기해 줄게."

아빠가 사랑채로 성큼성큼 걸어갔어. 엄마랑 나도 아빠를 따라갔어. 아빠는 사랑채 마루 쪽으로 올라갔어. 엄마랑 나도 아빠 옆에 나란히 섰지. 사랑채는 꽤 높직했어. 앉아서도 담장 밖이 한눈에 보였어.

"어때, 주위 풍경이 한눈에 시원하게 들어오지? 이렇게 건물은 높직하고 담장은 야트막해서, 옛사람들은 마루나 방에 앉아서도 담장 너머로 펼쳐지는 풍경을 맘껏 감상할 수 있었단다. 계절마다 주위의 산과 들, 강이 만드는 그림 같은 풍경을 내 집 마당처럼 여유롭게 즐겼던 거야."

"정말 멋지다! 그치, 하륜아?"

엄마는 감탄하며 넋을 놓고 구경했어.

"이처럼 아름다운 자연을 맘껏 볼 수 있으니 굳이 마당을 애써 꾸미려 하지 않은 거란다."

"그렇구나. 옛사람들은 참 통이 크셨네요. 대, 인, 배!"

내 말에 엄마 아빠가 배를 잡고 웃었어.

"에이 참! 그건 그렇고, 마당을 비워 놓은 까닭이 그게 다예요?"

"아니. 가장 중요한 까닭은 따로 있어. 옛날에는 집에서 혼례나 장례 같은 큰일을 치렀단다. 그래서 음식을 많이 준비하고 손님을 대접하는 등 큰일을 치를 공간이 필요했던 거야. 게다가 농사지은 곡식을 널어 말리거나 타작을 하고, 잠시 동안 쌓아 둘 장소도 필요했지. 그렇다고 늘 필요한 공간도 아닌데, 공간을 따로 만들어 두면 비효율적이겠지? 그래서 두루두루 쓸 수 있도록 마당을 텅 비워 둔 거야."

엄마가 천천히 고개를 끄덕이며 혼잣말을 했어.

"마당은 비어 있어서 오히려 쓸모 있는 공간이었구나."

그 말에 아빠가 갑자기 흥분해서 소리쳤어.

"바로 그거야, 그거! 난 개인적으로 한옥에서 마당이 제일 마음에 들어. 텅 비어 있어서 뭔가 할 수 있고, 또 뭐든 해도 되는 곳 같잖아. 마치 '여백의 미'가 느껴진다고나 할까? 으하하하! 흠, 내가 한 말이지만 꽤 근사한걸."

난 피식 웃었어. 솔직히 나도 아무것도 없는 마당이 마음에 들기 시작했어. 하마터면 "나도 마당이 좋아요."라고 말할 뻔했지 뭐야. 이럴 때가 아니지. 아빠한테 넘어가면 안 돼. 정신을 바짝 차려야겠어!

"아빠, 이제 마당 좀 봐요."

"그래그래. 둘러볼 마당이 여럿이니까 서두르자! 아까 본 배치도에서처럼 양반집에는 마당이 여럿이야. 대문 밖에 있는 바깥마당, 행랑채 앞에 있는 행랑마당, 사랑채 앞에 있는 사랑마당, 이런 식으로 그 위치에 따라 이름도 다르고, 마당마다 쓰는 사람도 다르지. 반면에 일반 백성들 집에는 대부분 마당이 하나나 둘이 있어."

"이 마당은 사랑채 앞에 있으니까 사랑마당이겠네요. 맞죠?"

"그래, 맞아. 사랑마당은 사랑채에서 생활하던 남자들이 주로 쓰던 공간이야. 남자 손님을 맞고, 혼례나 장례도 이곳에서 치렀지. 사당이 따로 없는 집에서는 사랑채에서 제사를 지냈는데, 사랑채가 작을 때는 사랑마당에까지 사람들이 늘어서서 제사를 지냈단다."

우리는 사랑채를 한 바퀴 둘러봤어. 사랑채 앞쪽은 텅 비어 있었지만, 사랑채 옆부터 뒤쪽까지는 담장을 따라 정원이 길게 이어져 있었어. 정원은 매우 소박했어. 띄엄띄엄 심은 소나무와 대나무 같은 나무 몇 그루에 특이하게 생긴 돌 두어 개가 전부였거든.

"뭐 이래? 생각했던 것보다 너무 초라하잖아."

"그래? 아빠는 오히려 과하지 않고, 품위 있어 보여서 좋기만 한데."

"치! 대나무랑 소나무는 예쁘지도 않아요."

"예쁘진 않아도 대나무와 소나무를 심은 데에는 다 이유가 있어. 대나무를 비롯해 매화, 난초, 국화를 사군자라고 하는데, 사군자는 주로 학식이나 덕망을 상징한단다. 그리고 소나무는 절개를 상징하지. 양반들은 사랑채 정원에 심어 놓은 사군자나 소나무를 보면서 편안히 쉬기도 하고, 마음을 가다듬으며 수양을 하기도 했던 거야."

옛사람들은 나무 하나를 심어도 그냥 심지 않았나 봐. 이렇게 숨은 뜻이 많으니 말이야.

우리는 안채로 향하며 행랑마당을 지났어. 행랑마당은 행랑채에 있는 마당으로, 주로 하인들이 사용했대.

"행랑마당에서는 대부분 농사와 관련된 허드렛일을 했단다."

아빠는 타작하는 흉내를 내며 말했어. 나는 얼른 하인처럼 마당을 쓰는 흉내를 내 보았지. 엄마는 그 모습이 재미있다며 연신 사진을 찍었어.

그리고 나서 우리는 안채로 나 있는 중문으로 발걸음을 옮겼어. 중문으로 들어서자 작은 마당이 나타났어. 역시 텅 비어 있지만, 사랑마당과는 느낌이 달랐어. 마당이 ㄷ자 모양의 안채 건물에 둘러싸여 좀 답답한 느낌이 들었어.

"여기가 안마당이구나. 아늑해서 좋다."

엄마는 마당을 찬찬히 둘러보더니 이렇게

말했어. 그런데 엄마 말을 듣고 보니 또 그런 것도 같았어. 헤헤! 안마당은 안채 앞에 있는 마당이야. 여자들이 집안일을 하던 곳이자 부엌으로 곳간으로 분주히 오가던 통로이기도 하지. 잔치를 치를 때도 안마당에서 떡을 만들고 둘러앉아 전도 부치며 잔치 음식을 준비했대.

"으하하핫! 호호호호!"

갑자기 어디선가 왁자지껄한 웃음소리가 들려왔어. 안채 뒤에서 나는 소리였어. 무슨 일이지? 웃음소리를 듣자마자 난 궁금해서 참을 수가 없었어.

"엄마 아빠, 뒷마당으로 빨리 가 봐요."

나는 급한 마음에 대답도 듣지 않고 뒷마당으로 달려갔어. 뒷마당 한쪽에 웅성웅성 모여 있는 어른들이 보였어. 가까이 가서 보니 우물 앞에서 사진을 찍고 있더라고.

'쳇! 그냥 사진을 찍는 거였잖아. 난 또 뭐라고.'

뭐가 그리 재미있는지 사진을 찍는 내내 어른들은 괴상한 흉내를 내며 낄낄댔어. 어른들은 맨날 우리보고 장난치지 말라고 하면서, 어른들도 이런 곳에 오면 들떠서 우리처럼 장난치고 싶나 봐! 실망해서 돌아서려는 순간이었어.

"우아, 뒷마당이 참 아기자기하네!"

언제 쫓아왔는지 엄마가 뒷마당을 쓱 둘러보며 말했어. 그러고 보니 뒷마당은 앞마당처럼 비어 있지 않았지. 뒷마당에는 우물도 있고, 장독대도 있고, 그 뒤로는 풀과 나무가 우거진 동산도 있었어. 동산은 축대를 높이 쌓아 그 위에 꾸몄더라고. 마치 작은 숲 같았어.

아빠가 손가락으로 동산 쪽을 가리키며 말했어.

"뒷동산 좀 보렴. 담장 밖의 숲과 잘 어우러져 있지? 이렇게 뒷동산을 꾸미면 마치 커다란 숲이 집을 감싸고 있는 것처럼 보인단다. 어떤 한옥은 일부러 뒷산을 그대로 뒷마당으로 만들기도 했어."

"아빠, 책에서 뒷마당은 여자들을 위한 휴식 공간이라고 하던데요."

"맞아. 양반집 여자들은 바깥에 함부로 나갈 수가 없어서 거의 집 안에 갇혀 지냈단다. 그래서 뒷마당에 꽃과 나무를 심어 아름다운 모습도 감상하고, 속상하고 답답한 마음도 달랬어. 규모가 큰 양반집에서는 뒷마당에 연못과 정자까지 만들었지."

뒷동산 옆에는 아담한 장독대가 자리 잡고 있었어. 장독대에 가지런히 놓인 크고 작은 항아리들이 햇살 아래 반짝이고 있었지.

옛사람들은 주로 뒷마당에 장독대와 우물을 만들었는데, 보통 부엌 가까이에 두어 쉽게 오가며 음식을 만들 수 있도록 했대. 직접 보니까 우물과 부엌 뒷문이 거의 마주하고 있더라고.

"아, 장독대를 보니까 어릴 적 생각이 나네."

엄마는 제일 큰 항아리를 쓰다듬으며 말했어.

"어릴 적이요?"

"응. 엄마가 너만 할 때 엄마 집에도 장독대가 있었어. 장독대에서 친구들과 잠자리도 잡고 숨바꼭질도 하곤 했는데……."

"당신도? 나도 그랬는데. 숨을 땐 커다란 항아리가 딱이었지."

"맞아요, 맞아!"

엄마는 아빠 말에 맞장구를 쳤어. 그러더니 엄마 아빠가 본격적으로 어릴 적 얘기를 나누기 시작하는 거야. 이럴 땐 빠지는 게 최고지. 나는 슬며시 장독대를 내려와 우물로 갔어. 솔직히 우물이 더 궁금했거든.

　난 까치발을 하고 우물 안을 힐끔 들여다봤어. 헉, 등이 오싹했어. 우물이 꽤 깊더라고! 뭔가 으스스한 기운이 느껴져 겁이 나지 뭐야. 또 갑자기 언젠가 텔레비전에서 본 귀신도 떠올랐어. 머리를 풀어 헤친 귀신 말이야. 아, 무서워!

나는 얼른 엄마 아빠 곁으로 갔어. 그제야 놀란 가슴이 진정되는 것 같았어. 그때 아빠가 내 눈을 빤히 쳐다보며 나지막하게 말했어.
"하륜아, 비밀 하나 알려 줄까?"

"비밀이요? 좋아요!"

"지금까지 마당들을 둘러봐서 알겠지만, 앞마당은 비어 있고 뒷마당은 나무가 무성했지? 옛사람들이 이렇게 앞마당과 뒷마당을 다르게 꾸민 까닭은 뭘까?"

"음, 모르겠는데요."

"여름에 햇볕이 쨍쨍 내리쬔다고 생각해 봐. 텅 비어 있는 앞마당은 그대로 햇볕을 받아 아주 뜨거워지지만, 뒷마당은 나무가 우거져서 햇볕을 받아도 앞마당보다 시원할 거야. 그러면 대류 현상으로, 뜨거워진 앞마당의 공기는 하늘로 올라가고 그 자리에는 뒷마당의 차가운 공기가 밀려오게 돼. 결국 뒷마당에서 앞마당으로 시원한 바람이 불어오게 되는 거지."

"그럼 옛사람들이 대류 현상을 알고 일부러 마당을 그렇게 꾸몄다고요?"

"그런 말은 몰랐겠지만 경험으로는 대류 현상을 이해하고 있었을 거야. 그래서 바람이 집 안으로 시원하게 불어오도록 일부러 앞마당은 비우고 뒷마당에는 나무를 무성하게 심었던 거지."

"와, 바람까지 만들다니……."

"어쩜, 들으면 들을수록 우리 조상님들은 정말 대단하셔!"

엄마도 나처럼 감탄했나 봐. 정말 놀란 표정이었어.

"하하하, 아빠가 왜 마당을 좋아하는지 이제 이해가 되니?"

나는 씩 웃으며 고개를 끄덕였어.

정말이지 마당은 비어 있어서 뭐든지 할 수 있는 쓸모 많은 곳인 것 같아. 아이들이 뛰어놀면 놀이터가 되고, 농사일을 하면 일터가 되고, 잔치 음식을 준비하면 부엌이 되고, 마음을 달래고 쉬면 휴식처가 되니까. 또 사람들이 쓰지 않을 때에는 햇빛이랑 바람이 주인이 되고. 헤헤! 아무튼 마당은 트집 잡을 게 하나도 없네. 통과! ★

하륜이의 한옥 노트

우물물이 변하면 큰일이 생긴다고?

옛날에는 집 안에서 쓸 물을 얻기 위해 집집마다 우물을 팠어. 하지만 일반 백성들은 우물을 파는 데 돈이 많이 들기 때문에 마을에 공동 우물을 파서 함께 사용했지. 그런데 우리 조상에게 우물물은 단순히 마시는 물 이상의 의미가 있었어. 우물을 성스러운 곳으로 여겨 우물물이 변하면 큰일이 일어난다고 믿었지.

《삼국사기》에는 백제가 멸망할 때 대관사라는 절의 우물물이 피처럼 붉게 변했다는 내용이 나와. 또 《삼국유사》에는 신라 시대 이차돈이 불교를 지키기 위해 목숨을 바쳤을 때 경주의 우물물이 모두 말라 버려 물고기와 자라가 뛰쳐나왔다는 기록도 있어.

옛사람들은 우물물이 변하지 않고, 늘 맑고 깨끗하기를 바랐기 때문에 우물 주위를 잘 관리했어. 우물에 제사를 지내거나 굿을 하기도 했지. 집 안에서는 지킴이 신에게 제사를 지낼 때 우물 신에게도 제사를 지냈어. 그리고 마을에서는 해마다 공동 우물을 청소하고 고친 다음엔 소나 돼지를 잡아 크게 고사를 지냈지.

방에는 온돌을 깔았어

• 방과 온돌 •

차가운 바람이 쌩쌩 부는 추운 겨울,
따끈따끈한 아랫목을 품은 곳.
작지만 큰 방, 바로 온돌방이지.

●●●●

뒷마당에서 안채 건물을 따라 걸었더니, 다시 안마당이 나타났어. 우물가에 있던 사람들이 안채를 기웃거리며 둘러보고 있었어. 난 엄마 곁으로 다가가 넌지시 물었어.

"엄마 엄마, 왜 이렇게 양반집에 건물이 많은지 알아요?"

"그거야……, 아니 잘 모르겠는데."

엄마가 무슨 말을 하려다 얼른 얼버무렸어.

"옛날에는 남녀 구별이 심했잖아요. '남녀칠세부동석(男女七歲不同席)'이라는 말, 들어 보셨죠? 옛날에는 남자, 여자가 일곱 살이 넘으면 한 공간에서 지낼 수 없었대요. 그래서 건물을 따로 지어 여러 채가 된 거예요."

내가 의기양양하게 말했어. 그때였어. 아빠가 눈치 없이 끼어들지 뭐야.

"게다가 옛날에는 신분 구별도 심했지. 신분이 다른 사람들끼리는 한 건물에서 살 수 없었어. 건물을 따로 지었을 뿐 아니라, 건물 높이도 달리했을 정도라니까."

아빠 말이 끝나자마자 내가 얼른 말했어.

"주인은 높은 건물, 하인은 낮은 건물, 이런 식이었죠. 그러니까 신분이 높은 사람이 지내는 건물은 신분이 낮은 사람이 지내는 건물보다 높은 기단 위에 세웠대요. 그래야 권위 있어 보이잖아요."

나와 아빠의 눈이 마주쳤어. 아빠가 이제야 눈치를 챘나 봐. '아차' 하는 표정을 지었어. 그때 엄마가 건물 아래쪽을 가리키며 나를 쳐다봤어.

"기단? 이게 기단이던가?"

"음, 그, 그게……."

난 별안간 엄마가 가리킨 게 기단인지 아닌지 헷갈렸어. 모처럼 아는 척 좀 하려고 했는데, 하필 지금 이런 질문을 할 게 뭐야. 아빠는 나를 한 번 보더니 이내 대답했어.

"맞아, 그게 기단이야. 한옥은 마당에서 한 단이나 두세 단으로 단을 쌓은 뒤 건물을 올렸는데, 이렇게 쌓은 단을 '기단'이라고 해. 지체 높은 양반집일수록 기단이 높았어."

엄마는 천천히 고개를 끄덕이며 다시 물었어.

"그런데 왜 건물을 기단 위에 올려 지은 거예요?"

"기단 위에 건물을 세우면 땅과 지붕 사이가 넓어지잖아. 그러면 마당에서 반사된 햇빛이 집 안까지 들어가 집 안이 밝고 쾌적해지지. 또한 땅에서 멀리 떨어지니까 습기도 덜 차고, 빗물이 튀거나 빗물에 잠길 위험도 줄어들어. 여름에는 지열도 어느 정도 피할 수 있고 말이야."

이렇게 아빠한테 밀릴 수는 없어! 나는 엄마 팔을 잡고 흔들었어.

"엄마 엄마, 들어 봐요. 아무튼 양반집은 안채, 사랑채, 행랑채와 같이 여러 채의 건물로 이루어져 있어요."

"그래그래."

"여자들이 생활하는 안채는요, 외부 사람들이 쉽게 들어오지 못하게 대문에서 가장 먼 곳에 두었어요. 그 바깥엔 남자들이 생활하는 사랑채를 두고, 하인들이 쓰는 행랑채는 제일 바깥에 두었어요. 또 잘사는 사람들은 곡식을 쌓아 두는 곳간이나 조상을 모시는 사당도 따로 두었대요. 아, 또 뭐더라? 맞다! 별당을 따로 두어 결혼한 자녀가 살 수 있도록 했대요. 후유."

난 아빠가 또 끼어들까 봐 숨도 쉬지 않고 말했어.

"우리 하륜이가 공부 좀 했구나. 그런데 아빠가 하나 더 보충하면, 안채와 사랑채가 따로 없던 일반 백성들은 안방에서 온 식구가 함께 자고, 먹고, 일하고, 공부하고, 손님도 맞았어. 그렇지?"

아빠가 내게 눈을 찡긋하더니 하얀 이를 드러내며 웃었어. 나는 아무 말 없이 입만 비죽거렸지.

안채에는 방과 부엌, 대청마루, 곳간 등이 있었어. 대부분의 한옥은 여기처럼 커다란 대청마루를 중심으로 한쪽에는 안방, 다른 한쪽에는 건넌방이

있어. 아빠가 안방 쪽으로 몸을 기울이며 말했어.

"안채의 중심은 뭐니 뭐니 해도 바로 이 안방이지. 안방을 쓰는 안주인을 '안방마님'이라고 부르는데, 안방마님은 집안 여자들 중에서 제일 나이 많은 사람이었어. 우리 집으로 치면 엄마가 안방마님인 셈이지. 건넌방은 안주인 다음으로 신분이 높은 며느리나 딸이 썼어."

"안방마님, 안방마님! 으헤헤헤."

내 목소리가 너무 컸나 봐. 아빠가 깜짝 놀란 얼굴로 주위 사람들 눈치를 보며 내게 조용히 하라는 시늉을 했어. 그러고 나서 다시 말을 이었어.

"안방은 안주인의 개인 공간이자 안채 사람들의 공동 공간이기도 했어. 안방에서 안주인은 잠을 자고 집안 살림을 처리하고 손님을 맞고 며느리나 딸, 어린 아들과 함께 밥을 먹었거든."

"그러니까 안방마님 방이면서 거실이면서 식당이기도 했단 거죠?"

내 말에 아빠는 고개를 끄덕인 뒤, 사랑채로 다시 가 보자고 했어. 사랑채

에 온 아빠는 계속 설명을 이어 나갔어.

"사랑채는 안채가 가려질 정도로 높게 지은 편이야. 여자들이 생활하는 안채가 밖에서 보이지 않도록 하기 위해서지. 그리고 사랑채에서는 누가 생활했는지, 너도 알지?"

"당연하죠. 집안 남자들이요. 아주 어린 남자아이들은 빼고요."

"맞아. 안채가 여자들을 위한 공간이라면, 사랑채는 남자들을 위한 공간

이지. 보통 사랑채는 사랑방, 대청마루, 누마루, 서고 등으로 되어 있어. 그 중심은 사랑방인데, 사랑방은 바깥주인이 혼자 쓰거나 집안 남자들과 함께 쓰면서 손님을 맞고 바깥일을 처리하고 자녀들을 교육시켰단다."

"어? 자, 잠깐만요! 아빠, 그럼 남자들은 안채에 절대 못 들어갔어요?"

"하하하! 꼭 그렇지는 않아. 간혹 안채로 들어가 밥을 먹거나 자기도 했지. 하지만 웬만한 일은 모두 사랑채에서 했어. 어쩌다 바깥주인이 안채에서 잠을 잔 날이면 꼭두새벽에 일어나 몰래 사랑채로 나왔지. 그 정도로 남녀 구별이 엄격했단다."

"옛날 같으면 너도 아빠랑 사랑채에서 지냈을 텐데. 그럼 엄마가 좀 편했

으려나? 호호호!"

쳇, 뭐가 그리 재미있는지 엄마가 장난스런 표정을 지으며 웃었어.

'엄마랑 떨어져 아빠랑 지낸다고? 엄마의 잔소리는 안 들어서 좋기는 했겠지만……. 으악, 안 돼!'

난 상상만으로도 너무 끔찍했어.

우리는 사랑채에 이어 행랑채를 둘러보았어. 행랑채는 사랑마당에 있을 때 눈여겨봐서 어느 정도 기억이 났어. 대문 양옆으로 남자 하인들이 생활하는 행랑방과 외양간, 광, 헛간이 있었어. 헛간은 지게, 낫, 도끼 같은 자질구레한 물건을 넣어 두는 곳으로 문이 없이 뚫려 있고, 외양간은 소나 말을 기

르던 곳이야. 사랑방에서 바깥주인이 부르면 하인들이 곧장 달려가기 쉽도록 행랑방은 사랑채와 마주하거나 가까이 있었대. 나는 아빠의 이야기를 듣다가 갑자기 궁금한 게 떠올랐어.

"아빠, 그럼 여자 하인들도 행랑채에서 지냈어요?"

"그건 아니지. 남녀 구별이 심했기 때문에 여자 하인들은 남자 하인들과 따로 생활했어. 여자 하인들은 보통 안채에 딸린 문간방에서 생활했단다."

아빠는 말이 끝나기 무섭게 우리를 안방 앞에 있는 툇마루로 데리고 가서 앉히는 거야. 뭔가 긴 이야기를 하려는 듯했지. 어느 틈에 엄마가 슬그머니 내 옆에 와서 앉았어.

아궁이
불을 때는 구멍

"하륜아, 한옥에서 '방'이라고 하면 뭐 떠오르는 거 없니?"

"네? 음…… 없는데요."

그때 엄마가 방 안으로 고개를 기울이며 말했어.

"나는 방을 보니까 절절 끓는 아랫목에 누워 한잠 둑 자고 싶다."

"엄마도 참! 이렇게 더운데……. 근데 아랫목이 뭐예요?"

"저기 아궁이에 가까운 쪽 방바닥 있지? 저기가 아랫목이야."

갑자기 아빠가 손뼉을 치며 흥분한 목소리로 말했어.

굴뚝
연기가 밖으로 잘 빠져나가게 도와줌

방고래
구들장 밑으로 낸 고랑으로, 불기와 연기가 지나가는 길

고래 개자리
방고래를 통과한 불기를 한 번 더 빨아들이고, 연기를 머무르게 함

구들장
방고래 위에 까는 얇고 넓찍한 돌로, 열이 잘 식지 않도록 함

굴뚝 개자리
연기에 딸려 온 그을음이나 티끌이 떨어짐

"바로 그거야. 마침 온돌 얘기를 하려던 참이었거든. 온돌 알지?"

"방바닥을 따뜻하게 데우는 거잖아요."

"정확히 말하면 '온돌'은 방바닥에 깔린 돌을 데워 방을 덥히도록 만든 난방 시설이야. 이 방바닥 아래에는 얇고 널찍한 돌들이 깔려 있는데, 그 돌들을 '구들장'이라고 해."

"그러고 보니 옛날 생각이 나네. 어릴 적에 방에서 뛰면 구들장 깨진다고 할아버지가 뭐라 하셨는데."

엄마의 말에 이어 아빠가 말했어.

"구들장 아래에는 밭고랑처럼 고랑이 여러 갈래로 파여 있어. 바로 '고래'라는 거야. 그러니까 온돌은 아궁이에 불을 지피면 불기운과 연기가 고래를 지나면서 방바닥을 달구고, 뜨거워진 방바닥은 그 열기를 천천히 내뿜어 방을 데우는 방식이지."

"아빠, 그럼 아궁이 하나에 불을 피우면 모든 방이 다 뜨거워져요?"

"아니. 저기 아궁이 보이니? 한옥은 방마다 저렇게 아궁이가 따로 있어서 난방도 각각 따로 했어."

아빠가 가리킨 곳을 보니 툇마루 아래에 불을 때는 아궁이가 보였어. 아궁이 위치는 집집마다 다른데, 집 뒤편에 아궁이가 있기도 하고 집 옆면에 아궁이가 있기도 했대.

"하륜아, 온돌은 자랑스러운 우리 고유의 난방 방식이야. 우리나라 말고는 중국 동북부에서 일부 사용했을 뿐이고, 우리나라만큼 온돌이 크게 발달

한 곳이 없지. 물론 우리나라라고 아주 먼 옛날부터 온돌을 쓴 건 아니야. 온돌이 널리 퍼진 건 고려 시대부터란다. 그때 이후로 우리나라 사람들이 방바닥에 앉아서 지내는 좌식 생활을 하게 되었지."

엥, 그럼 우리도 아주 먼 옛날에는 좌식 생활을 하지 않았다는 거잖아! 난 상상도 못 했던 일이라 너무 놀라웠어.

먼 옛날에는 우리도 서양 사람들처럼 서서 생활하는 입식 생활을 했대. 그런데 온돌로 난방을 하면서 점차 좌식 생활로 바뀌게 되었다나. 하긴 텔레비전에서 본 것도 같아. 옛사람들이 침대 같은 데서 자고, 손님과 의자에 앉아 탁자에 놓인 차를 마시던 장면이 순간 떠올랐던 거야.

"그런데 온돌 때문에 방도 그 쓰임새가 달라졌다면서요?"

엄마가 불쑥 물었어.

"그렇지. 입식 생활을 하면 소파, 침대, 식탁 같은 큰 가구들이 필요하고, 큰 가구들은 옮기기 어려우니까 놓는 곳도 고정이 되겠지? 자연히 소파를 놓은 곳은 거실, 침대를 놓은 곳은 침실, 식탁을 놓은 곳은 주방, 그런 식으로 공간의 역할이 정해지는 거야. 실제로 우리가 사는 아파트를 떠올려 봐. 잠자는 곳, 밥 먹는 곳, 손님을 맞는 곳이 서로 다르지?"

"네. 잠은 방에서 자고, 밥은 주방에서 먹고, 손님은 거실에서 맞아요."

"아파트 같은 서양 주택은 공간마다 무엇을 하는 곳인지 명확하고, 공간도 독립적으로 구분되어 있어."

"아! 알겠다, 알겠어! 그런데 한옥 방은 그럴 필요가 없겠네. 한마디로 한옥 방은 좌식 생활 덕분에 이것저것 다 할 수는 매우 효율적인 공간이 된 거란 말씀!"

엄마가 가볍게 손가락을 퉁기며 아빠를 쳐다봤어.

"맞아."

"어, 무슨 말인지 난 잘 모르겠는데……."

내가 고개를 흔들자 아빠가 차근차근 설명해 주었어.

"자, 잘 들어 봐! 좌식 생활을 하면 침대, 소파 같은 큰 가구는 필요 없겠지? 또 식탁 대신 밥상만 있으면 되고. 결국 옷가지나 이불 따위를 넣을 가구만 방 한쪽에 가지런히 놓으면 되니까 평상시에는 방 가운데가 비게 돼. 그래서 한옥 방은 요와 이불을 깔면 침실로, 밥상을 놓으면 주방으로, 다과상을 내고 방석을 깔면 거실로 변신할 수 있었어. 결국 좌식 생활을 해서 한옥 방이 그때그때 필요에 따라 뭐든지 할 수 있는 효율적인 공간이 될 수 있었다는 뜻이란다. 아무튼 가장 중요한 건, 이 모든 게 온돌에서 비롯되었다는 거지."

"아, 이제 알겠다! 온돌 난방을 하면서 좌식 생활이 시작되었고, 음……, 또 좌식 생활을 하면서 가구나 생활 방식도 변해 방이 효율적으로 쓰이게 된 거다, 이런 거죠?"

"그렇지! 이것 말고도 온돌은 자랑할 게 많아. 옛날부터 서양 사람들은 방 안에서 신발을 신고 생활했어. 신발을 신고 드나들면 흙이나 먼지, 오물 같은 온갖 더러운 것도 방 안으로 함께 들어왔겠지? 게다가 옛날에는 실내에서 주로 난로를 땠기 때문에 시커먼 재나 연기가 날려 방 안이 더럽혀지기 일쑤였어. 그래서 서양의 방은 별로 깨끗하지 않았단다."

"그런데요?"

"너도 알다시피, 우리 조상들은 방 안에서 신발을 벗고 생활했어. 방바닥에 앉고 누우려면 방바닥이 깨끗해야 하니까. 아궁이와 굴뚝도 방 밖에 있어서 방 안 공기도 좋았단다. 덕분에 한옥 방은 깨끗하고 공기도 맑았어. 이처럼 서양의 난로에 비하면 온돌은 아주 위생적인 난방 시설이야."

잠자코 듣고 있던 엄마가 기지개를 켜며 마루에서 일어났어.

"뭐니 뭐니 해도 온돌은 몸에 좋아. 뜨끈한 아랫목에서 자고 나면 몸과 마음이 모두 가뿐해지거든."

"암, 그렇고 말고. 뜨끈뜨끈한 방바닥에서 원적외선이 나오는데, 이 원적외선이 뭉친 근육을 풀어 주고 신진대사도 도와주기 때문에 몸이 가뿐해지는 거야."

아빠가 엄마 말에 맞장구를 쳤어.

엄마까지 온돌을 칭찬하다니! 이러다 진짜 한옥에 살게 되는 건 아닌지 걱정되었어. 그래서 난 손을 저으며 소리쳤어.

"아빠, 그래도 온돌은 안 돼요, 안 돼! 온돌 난방을 하려면 나무를 때야 하는데, 그 많은 나무가 어디 있어요? 함부로 나무를 베면 지구가 병들어요. 그렇죠, 엄마?"

엄마는 정말 어이없다는 표정으로 나를 바라봤어. '어, 내가 뭘 잘못 말했나?' 하며 물끄러미 엄마를 쳐다봤어.

"아이고 하륜아! 요즘 누가 나무를 때니? 나무 대신 연탄이나 석유, 가스 같은 연료를 쓰기 시작한 지가 꽤 되었잖니."

"네?"

"우리 아파트도 도시가스로 온돌 난방을 하잖니."

"정말요?"

그러자 아빠가 껄껄껄 웃으며 이렇게 말하는 거야.

"요즘에는 양옥에도 온돌 난방을 널리 쓰고 있어. 우선 방바닥 전체에 파이프를 묻고 보일러로 물을 끓이지. 그리고 뜨거워진 물을 파이프에 흘려보내 방바닥을 데우는 식으로 전통 온돌을 현대화시킨 거야. 최근에는 온돌의 우수성이 널리 알려지면서 외국에까지 온돌 방식이 소개되고 있다더구나. 어때, 이제 나무 걱정은 안 해도 되겠지?"

"네."

난 모기만 한 목소리로 대답했어. 에이 참, 너무 창피했어. 우리 아파트가 온돌 난방인 것도 모르고, 엉뚱하게 나무 얘기를 꺼냈지 뭐야. 아무튼 또 아빠한테 졌어!

뭐, 그렇지만 한편으로는 기분이 좋았어. 우리 고유의 것이 다 사라져 가는 요즘에 온돌이 다른 나라에까지 그 우수성을 널리 알리고 있다니 말이야. 나는 아무도 모르게 손을 뻗어 방바닥을 톡톡 두드리며 속으로 말했어.

'온돌, 너 참 대단하다!' ★

하륜이의 한옥 노트

우리나라에도 벽난로가 있었다고?

눈이 많이 내리는 강원도 깊은 산골에 가면 기와 대신 나뭇조각인 너와로 지붕을 이은 너와집이 있어. 너와집은 우리나라 전통 집 가운데 하나인데, 방바닥에 온돌을 깔았을 뿐만 아니라 방 안에 '고콜'이라는 한국식 벽난로를 만들었어.

고콜은 주로 방의 한쪽 구석에 만드는데, 사람이 앉아서 불을 지필 수 있도록 방바닥에서 30~50센티미터쯤 되는 높이에 아궁이를 냈지. 그리고 그 위로 천장까지 원통 모양으로 굴뚝을 만들어 연기가 빠져나가게 했어. 밤이 되면 너와집에서는 고콜에 불을 지펴 방을 환하게 밝히는 동시에 따뜻하게 했던 거야. 난방 시설이면서 조명 시설인 셈이지. 지금도 너와집에 가면 고콜을 볼 수 있어.

바람이 다니는 마루는 참 시원해

· 마루 ·

햇볕이 쨍쨍 내리쬐고 바람 한 점 없는 여름,
시원한 바람이 솔솔 불어오는 곳.
바로 바람이 지나다니는 마루지.

'음, 방이 다 작네. 가구도 별로 없고…….'

    나는 천천히 안마당을 돌면서 다른 방들도 구경했어. 아빠랑 엄마도 각자 보고 싶은 대로 안채를 둘러보고 있었지. 햇볕에서 잠시 움직였을 뿐인데 머리가 띵했어.

    나는 얼른 그늘진 마루 위로 올라가서 앉았어. 단지 그늘이 졌을 뿐인데 햇볕에 있을 때보다 훨씬 시원했어. 마룻바닥도 차가웠어. 솔직히 마루에 눕고 싶은 마음이 굴뚝같더라고.

    "아함! 아유, 졸려."

    몸이 나른하면서 하품까지 나왔지. 나는 잠자코 앉아서 오가는 사람들을 물끄러미 쳐다봤어. 시간이 조금 흘렀을까? 흥미로운 모습이 내 눈에 들어왔어. 아빠가 마루에 있는 나무 기둥을 어루만지더니, 기둥과 마루 사이의 이음새 부분을 들여다보는 거야. 그러고 나서는 아예 안마당에 쭈그려 앉더니 마룻바닥 밑을 들여다보았어. 난 움직이기 귀찮아서 마루에 앉은 채 고개를 숙여 마룻바닥 밑에 뭐가 있는지 보았어.

기다란 널빤지들을 이어 짠 마룻바닥이 바닥에서 높이 떨어져 있고, 막상 마룻바닥 밑은 어두워서 아무것도 안 보였어. 그냥 캄캄했지. 도대체 아빠가 무얼 보는지 궁금했어. 하지만 그것도 잠깐, 다시 하품이 나면서 졸음이 밀려왔어. 난 졸음을 참으려고 눈에 잔뜩 힘을 주었지. 그런데 눈앞이 점점 흐려지더니 어느새 캄캄해지는 거야. 그때였어.

"찰칵! 찰칵!"

"헉!"

나는 사진기 셔터 소리에 소스라치게 놀라 자리에서 벌떡 일어났어. 그만 깜박 졸았나 봐. 헤헤헤! 에고 얼마나 부끄럽던지……. 다행히 안마당에는 우리뿐이었어. 엄마가 이제 사진을 다 찍었는지, 내 쪽으로 걸어와 마루에 걸터앉았어.

"아휴, 덥다 더워. 하륜아, 그늘진 마루에 앉아 있으니까 시원하지?"

"네. 시원하니까 자꾸 잠이 오려고 해요. 으으으!"

나는 선 채로 크게 기지개를 켜고, 고개를 좌우로 세차게 흔들어 잠을 쫓았어. 그런 내 모습이 웃겼나 봐. 엄마가 빙그레 웃었어. 아빠는 마루에 걸터앉아 흐르는 땀을 닦으며 물었어.

"하륜아, 왜 이렇게 마루가 시원한지 아니?"

"아까 아빠가 말했잖아요. 뒷마당에서 앞마당으로 바람이 불어온다고요. 그러니까 당연히 시원한 거죠."

"잘 기억하고 있네. 그런데 아무리 바람이 불어도 앞뒤가 막혀 있으면 바람이 집 안으로 들어오지 못하겠지? 이렇게 대청마루 앞뒤의 창과 문을 모두 활짝 열어 놓아야 바람이 지나다닐 수 있어서 마루뿐만 아니라 집 안까지 시원하단다. 앞쪽 마루문들은 걷어 올리고, 저기 뒤쪽 창들도 열어 놓은 거 보이지? 한마디로 대청마루가 바람의 길목인 셈이야."

아빠가 가리킨 곳을 보니 마루 뒷벽의 창이 모두 활짝 열려 있었어. 창으로 바람이 솔솔 들어오니 다시 잠이 솔솔 왔어. 나는 대청마루에 벌러덩 드러누웠어. 너무 졸려서 도저히 참을 수가 없더라고. 그런데 마룻바닥이 생각보다 훨씬 서늘해서 깜짝 놀랐어.

"아빠, 마룻바닥이 돌로 만든 것처럼 차가워요."

"그건 마루 밑에서 찬 공기가 올라와서 그래."

"마루 밑에서요?"

"응. 마룻바닥을 깐 널빤지 사이사이로 선선한 공기가 올라와서 시원한 거야. 마루 밑은 그늘이 져서 마루 위보다 공기가 차갑단다. 그래서 차가운 뒷마당에서 뜨거운 앞마당으로 바람이 불어오듯, 마루 밑에서 마루 위로 차가운 공기가 올라오는 거지."

"바닥에서는 선선한 공기가 올라오고, 뒷마당에서는 시원한 바람이 불어

오기 때문에 대청마루는 한여름에도 시원하다는 말씀! 맞죠?"

"그렇지. 옛날에는 요즘처럼 선풍기나 에어컨 같은 냉방 기계가 없었잖아. 그래서 집을 지을 때 더위를 피할 구조를 궁리했을 거야. 그게 바로 마루인 거지. 마루는 땅바닥에서 떨어져 있어서 지열을 피하는 동시에 차가운 공기가 마루 밑에서 올라와. 게다가 앞뒤 창과 문을 모두 열면 바람이 지나다니잖아. 결국 옛사람들은 방과 방 사이에 바람이 통하도록 마루를 만들어 자연 냉방을 한 셈이야."

그 순간 창피한 일이 벌어졌어. 별안간 뚜벅뚜벅 걸어오는 발소리가 들리더니 어느새 어떤 남자 어른이 우리 앞에 떡 서는 거야. 가슴에는 문화 해설사라는 명찰이 붙어 있었어. 뒤따라 십여 명의 사람이 우르르 마당으로 들어왔어.

"마루에 누우면 안 돼요! 신발도 벗어 주시고요."

아빠가 깜짝 놀라 마루에서 후다닥 일어났어. 아빠는 당황해서 안절부절못하고 얼굴까지 새빨개졌어. 나랑 엄마도 엉거주춤 일어서서 그 사람을 멀뚱멀뚱 쳐다봤어.

"아, 죄송합니다. 마루가 너무 시원해서 우리 애가 그만……."

머리를 긁적이며 아빠가 멋쩍은 듯 말했어.

"그리고 마루에 앉아 계시는 건 괜찮지만 방 안으로 들어가시면 안 됩니다. 가능한 한 눈으로만 봐 주세요!"

그리고 문화 해설사는 사람들을 이끌고 뒷마당으로 휙 가 버렸어. 후유!

나와 엄마는 마루에 도로 털쓱 앉았어.

"에이, 참!"

"사람이 실수할 때도 있지. 안 그래요, 여보?"

엄마가 속상해하는 나를 위로했어.

"그럼 그럼. 괜찮아, 하륜아! 우리가 마루 얘기에 너무 빠졌나 보다."

"아무튼 삼백 년이나 된 한옥이니까, 조심 또 조심해야겠어요."

"암, 그렇고 말고. 그런데 내가 어디까지 얘기했더라?"

엄마 말이 끝나자마자 아빠가 이렇게 말하는 거야. 우리 아빠는 정말 못 말린다니까. 진짜 진짜 한옥을 사랑하는 게 틀림없어. 이런 상황에서 또 한옥 얘기를 하려는 걸 보면 말이야. 난 조금씩 아빠의 한옥 사랑이 대단하다는 생각이 들었어.

"우리 조상들은 마루로 자연 냉방을 했다는 이야기를 하던 중이었어요."

"아, 그렇지. 마루는 자연 냉방 시설이기도 하지만, 방과 방 또는 방과 마당을 연결시켜 주는 통로이기도 해. 방으로 들어가려면 먼저 마루를 지나야 하거든."

그리고 보니까 안채에 있는 방은 모두 안마당 쪽으로 크고 작은 마루가 나 있는 거야. 자연히 마루를 지나야 방으로 들어갈 수 있겠더라고. 그때 책에서 본 마루 이름들이 떠올랐어.

"엄마, 마루도 제각각 이름이 있어요."

"그건 엄마도 알아. 그런데 넌 어떻게 마루 이름을 알아?"

"책에서 봤어요. 여기 와서 직접 보니까 구분하기가 더 쉬운데요."

한옥에는 마루도 다양해. 이를테면 대청마루, 툇마루, 쪽마루, 누마루가 있어. 마루마다 이름도 다르고, 하는 일도 약간씩 달라. 마당에서 방으로 들어갈 때는 툇마루나 쪽마루를 지나야 해.

마루 가운데 가장 큰 마루는 안방과 건넌방 사이에 있는 대청마루야. 양반집에는 꼭 있는 마루인데, 대청이라고도 불러. 내가 방금 누워 있던 곳이 대청마루지. 아 참, 사랑채에서 사랑방과 건넌방 사이에 있는 마루도 대청마루라고 해. 대청마루는 안방과 건넌방을 연결해 주는 통로이자, 뒷마당에서 안마당으로 바람이 지나가는 길목이야. 옛사람들은 여름철에는 거의 대청마루에서 지내며 더위를 식혔대. 큰일을 치를 때도 마당과 대청마루에서 음식을 만들고 상을 놓아 손님을 대접했지.

옛사람들에게 대청마루는 가장 깨끗하고 신성한 곳이었어. 여기에서 조상들에게 제사를 지내고, 집안의 수호신인 성주신을 모셨지. 대청마루는 늘 쓸고 닦아서 반질반질 윤이 날 정도였대. 그런데 일반 백성들 집에도 대청마루가 있었는지 궁금하지?

사실 있기는 했는데 일부 집에만 마루가 있었대. 처음에는 양반집에 있는 대청마루보다 작아서 그냥 마루라고 했는데, 나중에는 크기랑 상관없이 모두 대청마루라고 불렀어.

방과 마당 사이에는 툇마루나 쪽마루가 있어. 둘 다 마당에서 방을 드나들기 편하도록 방 앞에 좁게 깔아 놓은 마루야. 마루 앞에는 디딤돌을 놓아서 신발을 벗고 쉽게 올라설 수 있도록 했어. 대청마루에 비하면 꽤 작은 마루들이지. 툇마루와 쪽마루는 마당과 방, 방과 방을 연결하는 통로이자, 잠시 여유를 즐기는 쉼터였어. 옛사람들은 마루에 걸터앉아 이야기를 나누거나 잠깐 졸기도 하고, 마당을 감상하며 쉬기도 했대. 지금의 우리처럼 말이야. 나는 툇마루에 앉아 있는 엄마를 보자 좋은 생각이 떠올랐어. 그래서 내가 생각해도 조금 호들갑스러운 목소리로 엄마한테 물었어.

"엄마, 툇마루하고 쪽마루를 어떻게 구분하는지 아세요?"

"둘이 달라? 같은 건 줄 알았는데……."

"달라요. 마당 쪽으로 기둥이 있으면 툇마루, 없으면 쪽마루! 쉽죠?"

아빠는 엄마 쪽으로 몸을 슬쩍 기울이며 말했어.

"툇마루는 벽과 기둥 사이에 고정되어 있는 반면, 쪽마루는 기둥 없이 방 앞에 붙여 놓았다는 점이 다를 뿐이야. 그래서 사람들은 툇마루와 쪽마루를 따로 구분하지 않기도 해."

그때 웅성웅성하는 소리와 함께 아까 뒷마당으로 간 사람들이 안마당으로 들어왔어. 아빠는 안마당이 너무 붐비니까 사랑채에 갔다 오자며 일어섰어. 사랑채 방들도 마저 보고, 마루도 보기로 했지.

난 문화 해설사를 따라 우르르 몰려다니는 사람들을 보면서 새삼 아빠가 있어서 다행이다 싶었어. 솔직히 아빠가 자랑스러웠지. 똑똑하고 든든한 아빠 덕분에 이렇게 여유 있게 한옥을 구경할 수 있으니까 말이야. 헤헤! 엄마랑 나는 아빠를 따라 씩씩하게 사랑채로 향했어.

사랑채 주변에는 아까보다 사람들이 많았어. 멀리서 봐도 다락처럼 높은 누마루가 제일 먼저 눈에 띄었어. 누마루는 양반집 사랑채에 주로 만들었는데, 바닥이 다른 방이나 마루보다 훨씬 높은 편이야. 높이 있는 만큼 바깥주인의 권위를 돋보이게 만드는 곳이지. 보통 누마루는 어른 키 높이 정도로 높게 만들고, 때로는 가장자리에 닭 다리 모양의 기둥이 받치고 있는 '계자 난간'을 둘렀어.

누마루에 있는 창을 모두 접어 올리면 사방이 탁 트여 담 너머의 주변 경치가 한눈에 들어온대.

우리가 누마루에 이르렀을 때, 마침 누마루에 있던 사람들이 내려오는 거야. 이때다 싶어서, 나는 얼른 누마루로 올라갔어. 역시 한눈에 집 주변이 다 내려다보일 정도로 누마루는 높았어. 마치 내가 양반이 된 것 같지 뭐야. 아빠가 내 어깨에 팔을 얹으며 말했어.

"올라오니 좋지? 누마루는 주로 여름에 쓰였어. 바깥주인은 더위를 피해 누마루에서 글공부를 하고, 손님과 차나 술을 마시며 세상 돌아가는 이야기도 나누고, 뜰을 내려다보며 자연을 벗 삼아 풍류도 즐겼단다. 또한 하인들을 내려다보며 일을 지시하고 감독하기도 했지. 어때, 상상이 돼?"

"네. 더구나 높이 있어서 하인들을 감시하기에도 딱이었겠어요."

그 순간 '그런데 겨울에는······?' 하는 생각이 머리를 스치는 거야. 그래서 내가 힘주어 말했어.

"아빠, 한옥을 짓더라도 마루는 절대 안 돼요, 안 돼! 여름에는 시원해서 좋지만, 겨울에 마루에 있다간 얼어 죽을지도 몰라요. 그렇죠, 엄마?"

그러자 엄마랑 아빠가 마주 보며 크게 웃는 거야. 주위에 있던 사람들이 우리를 힐끗 쳐다봤어. 아빠가 곧 웃음을 그치고는 내게 말했어.

"겨울에는 마루문과 창을 꽁꽁 닫아 두면 되지."

"애걔, 그게 답이에요?"

"하하하! 아니, 아니. 다시 얘기해 줄게. 사실은 모든 한옥에 마루가 있었던 건 아니야. 더위를 피하기 위해 마루를 깔았다고 했지? 그래서 마루는 더운 남부 지방에서 발달했어. 강원도 북부와 평안도, 함경도처럼 추운 북부 지방에는 집에 마루가 아예 없었어."

"그럼 한옥에 마루가 없어도 된다고요?"

"응. 앞으로 우리가 살 곳의 기후에 따라 마루를 여러 개 만들어도 되고, 아예 만들지 않아도 돼. 마루의 수나 크기도 우리 마음대로 정하면 되고. 하지만 아빠는 마루가 꼭 있으면 좋겠는데, 네가 한번 아이디어를 내 보는 게 어때?"

"아니, 내가 왜요?"

그런데 곰곰 생각해 보니 재미있을 것 같더라고. 머릿속으로 온갖 생각이 마구 스쳐 가는 거야. 뭔가 좋은 수가 있을 것도 같았어. ★

마루 대신 정주간을 놓았다고?

추운 북부 지방에서는 마루를 놓지 않았어. 대신 정주간을 만들어 사용했지. 정주간은 부엌과 방 사이에 벽을 만들지 않고, 부뚜막을 길게 늘여 방바닥과 이어지도록 꾸민 부엌이야. 아주 넓은 부뚜막처럼 생겼지.

정주간은 부뚜막에서 가장 가깝기 때문에 바닥이 온돌방처럼 따뜻했어. 추운 겨울에 여러 가지 일을 하는 다목적 공간으로 두루두루 사용했지. 정주간에서 온 가족이 함께 밥도 먹고, 손님도 맞이하고, 여자들과 어린아이들은 잠을 자기도 했어. 거실이자 침실로 썼던 거야. 추운 겨울을 나기 위해 옛사람들은 정주간을 만들어 부뚜막의 온기까지 알뜰히 활용한 거지.

남자는 부엌 근처에도 얼씬거리면 안 돼!

– 부엌 –

음식을 만들고 불을 다루며
식구들의 건강과 생명을 책임지는 곳.
한 집의 심장 같은 곳, 바로 부엌이지.

우리는 부엌을 구경하기 위해 다시 안채로 돌아왔어. 어느새 그 많던 사람들이 사라지고 안채 가득 매미 소리만 울려 퍼지고 있었지.

'아까도 매미가 울었나? 못 들었던 것 같은데…….'

아무튼 이제 안채는 다시 우리 가족만의 세상이었지!

"여유 있게 부엌 좀 구경할까?"

엄마가 부엌으로 향하며 말했어. 나도 엄마를 졸졸 따라갔어.

어서 들어오라는 듯 부엌문이 활짝 열려 있었어. 부엌문은 두 짝으로 되어 있는데, 대문처럼 널빤지 여러 개를 나란히 이어 붙인 나무 문이었어.

난 부엌 문지방 앞에 서서 부엌 안을 들여다보았어. 그러자 반대편에 문이 또 보였어. 부엌 앞문과 뒷문은 거의 마주하고 있었고, 열린 뒷문 사이로 우물이 살짝 보였어.

'아, 아까 뒷마당에서 본 부엌 뒷문이 저거구나! 부엌에 앞문과 뒷문이 있어서 앞마당과 뒷마당을 수시로 오가기 좋겠네.'

잠시 생각에 잠겨 있는데, 엄마가 부엌 안으로 들어가면서 말했어.

"예나 지금이나 부엌은 불을 때고 음식을 준비하는 곳이야. 옛날 어머니들은 부엌을 신성하게 여겨 항상 깨끗하게 관리했대. 가족의 건강을 책임질 음식과 소중한 불을 다루는 곳이었기 때문이지. 이렇게 온 가족을 먹여 살리는 곳인 부엌은 집의 심장과도 같단다."

"심장이요?"

"그래. 우리 몸 구석구석으로 피를 보내는 게 심장이지? 부엌도 마찬가지야. 부엌에서 온 가족이 먹을 음식을 만들어서 집 안 곳곳으로 보내니까 한옥에서는 부엌이 심장인 셈이지."

"그렇구나."

"아 참, 한옥에서는 음식을 만드는 곳과 먹는 곳이 서로 달라. 부엌에서 음식을 만들면 각각 방으로 음식을 날라서 먹었거든. 우리 아파트에서 보듯이 양옥에서는 대개 음식을 만드는 곳과 먹는 곳이 같지만 말이야."

그때였어.

"이놈! 부엌에 들어가면 고추 떨어진다."

갑자기 등 뒤에서 아빠가 크게 소리치고는 껄껄껄 웃는 거야.

"헉!"

난 기가 막혔어. 지금이 어떤 세상인데, 아빠도 참!

옛날에는 남자아이가 부엌을 기웃거리기만 해도 이렇게 크게 호통을 쳤다나. 워낙 남녀 구별이 심해서 남자라면 어른이나 아이나 부엌 근처에도 얼씬거리지 못하게 했다는 거야. 남자아이들은 정말 고추가 떨어질까 무서워서 부엌에 들어가지 못했을까? 별안간 궁금해지더라고. 설마 아니겠지?

아무튼 한옥에서도 안채, 안채에서도 부엌은 완전히 여자만의 공간이었어. 그래서 남자들이 생활하던 사랑채와 행랑채에는 부엌이 없대. 또 남자들이 부엌에 드나들지 않으니까 부엌에서 여자들은 목욕을 하기도 했고. 부엌에 커다란 목욕통을 들여놓고 물을 끓여 목욕을 한 거지.

나는 다시 부엌 안으로 고개를 돌리며 말했어.

"엄마, 부엌이 좀 어두운 것 같아요."

그나마 부엌문을 활짝 열어 놓았는데도 이렇게 어두우니 부엌문을 닫으면 정말 깜깜할 것 같더라고.

"바닥이 깊어서 그럴 거야. 방에 불을 때려면 부엌 바닥이 방바닥보다 훨씬 낮아야 하거든. 부엌 바닥은 보통 마당보다도 낮아."

엄마 말을 듣고 부엌 바닥과 마당을 번갈아 보았어. 그랬더니 정말 부엌 바닥이 훨씬 낮은 거야. 부엌이 깊어서인지 문지방도 높았어. 부엌으로 들어가려다 하마터면 문지방에 걸려 넘어질 뻔했지 뭐야. 후유!

부엌 안으로 들어갔더니, 제일 먼저 아궁이가 눈에 띄었어. 안방 벽 쪽에 아궁이 세 개가 있더라고. 마침 얼마 전에 텔레비전에서 본 장면이 떠올랐

어. 여자들이 흙바닥에 따리나 나무토막을 깔고 앉아 아궁이에 불을 지피거나 분주히 음식을 만드는 모습이었지. 김이 모락모락 나는 가마솥에서 맛있는 음식 냄새가 솔솔 풍겨 오는 듯했어.

한창 행복한 상상을 하고 있는데, 엄마가 다가와서 말했어.

"여기 이 아궁이에 불을 때면 밥도 지을 수 있고, 그 열로 방

도 데울 수 있단다. 음식을 익히는 동시에 난방도 겸하는 거지."

"치, 그 정도는 나도 알아요. 그런데 엄마, 여름에는 어떡해요? 불을 때면 방까지 뜨거워지잖아요?"

"그래서 밥 짓는 화덕을 따로 두었어. 아까 우물 옆에 있던 작은 화덕 기억해? 바로 그런 용도야. 제주도처럼 더운 남부 지방에서는 아예 밥 짓는 아궁이와 난방 하는 아궁이를 따로 만들어 사용하기도 했단다."

"역시, 다 방법이 있었구나."

"하륜아, 그런데 부엌에서 가장 중요한 곳이 어딘지 아니?"

"음, 음, 아궁이?"

"아니, 틀렸어. 바로 부뚜막이야. 부뚜막은 아궁이 위에 솥을 걸어 놓은 언저리를 말해. 옛사람들은 부뚜막에 조왕신이 머문다고 생각해서 부뚜막을 신성하게 여기고 늘 깨끗이 했어. 조왕신은 부엌과 불씨를 지키는 불의 여신이래. 음식을 익혀 주고, 방을 따뜻하게 데워 주는 이로운 신이지. 그래서 옛날 어머니들은 새벽마다 부뚜막에 깨끗한 물 한 그릇을 떠 놓고 가족이 평안하도록 조왕신께 빌었어."

나는 엄마 말이 끝나자마자 얼른 눈을 감고 조왕신에게 우리 가족 모두 건강하게 해 달라고 빌었어. 또 우리 가족이 한옥에서 살지 않게 해 달라고도 빌려고 했지만, 이제는 한옥에서 살아도 되겠다 싶어서 그만두었어.

"무슨 기도를 했니?"

"히히, 그건 비밀이에요."

부엌에 대해서는 엄마가 아빠보다 아는 게 많나 봐. 엄마는 부엌 이야기를 술술 하는데, 아빠는 아까부터 잠자코 듣기만 하는 거야. 무슨 꿍꿍이가 있는 게 아닌지 살짝 의심스러웠어. 아직은 내가 한옥에서 사는 거에 완전히 찬성하는 입장이 아니니까 말이야.

난 엄마와 함께 부뚜막 주변을 찬찬히 살펴보았어.

"부뚜막에 가마솥이 세 개지? 보통 부엌에서는 여기처럼 가마솥을 두 개나 세 개쯤 걸어 놓고 쓴단다. 그런데 가마솥을 쓸 때는 용도를 정해 놓고 구분해서 사용했대. 예를 들면 밥을 짓는 솥, 물을 끓이는 솥, 국을 끓이는 솥, 이런 식으로 말이야."

엄마가 가마솥을 하나씩 가리키며 말했어.

"그런데 음식은 어디에 놓고 만들었어요?"

"주로 평편한 부뚜막 위를 이용했어. 이 부뚜막 위에 도마를 놓고 칼로 자르고 다지고, 양념도 하고, 솥에서 익히고 끓이는 거지."

"아하, 그럼 부뚜막이 요즘 쓰는 싱크대랑 비슷한 거네요?"

엄마가 활짝 웃으며 고개를 크게 끄덕였어.

부뚜막 옆에는 커다란 항아리가 있었어. 매번 우물에 가서 물을 길려면 번거롭고 시간도 걸리니까 항아리에 물을 길어다 두고 그때그때 퍼 쓴 거래. 특히 일반 백성들 집에는 우물이 드물어서 마을의 공동 우물에서 물을 길어다 항아리에 담아 두고 필요할 때 썼대. 정말 귀찮았을 거야!

내가 부뚜막 주변을 다 살펴보고 막 돌아서려는데, 갑자기 가마솥 안이 궁금해지지 뭐야. 그래서 부뚜막 앞으로 다가가 솥뚜껑을 열려고 두 손을 쭉 뻗었어. 그 순간, 어딘가에 머리를 쿵 찧었어.

"아야!"

난 소리를 지르며 두 손으로 머리를 감쌌어. 깜짝 놀란 엄마 아빠가 재빠르게 내게 다가와 한목소리로 물었어.

"괜찮아?"

내가 아픈 머리를 손으로 어루만지며 위를 쳐다보았어. 그랬더니 글쎄 부

뚜막 위쪽이 툭 튀어나와 있지 뭐야. 짜증 섞인 목소리로 내가 말했어.

"괜찮아요. 그런데 이게 뭐예요?"

"아, 그건 다락이야. 부엌은 바닥이 낮아서 위쪽 공간이 상당히 넓은 편이야. 그래서 부뚜막 위쪽 공간을 활용해 방에서 사용할 수 있도록 다락을 만든 거야. 옛사람들은 귀한 음식부터 자질구레한 살림살이까지 다양한 물건을 다락에 보관했단다. 그런데 정말 괜찮아?"

엄마가 걱정스런 눈빛으로 다시 물었어. 난 괜찮다고 더 큰 목소리로 대답했고, 엄마는 그런 나를 대견해했어. 잠시 뒤에는 아궁이 반대편에 있는 온갖 부엌 살림살이도 하나하나 알려 주었지. 한쪽에 땔감이 쌓여 있고, 상도 걸려 있고, 그릇이나 음식을 두는 긴 선반과 찬장도 있었어.

잘사는 집에서는 부엌 가까운 곳에 그릇이나 음식을 보관하고 상을 차릴 수 있는 찬간이나 찬방을 따로 두었대. 때로는 찬간을 부엌 뒤편에 높직하게 만들어서 반찬도 만들고 상도 차려 방으로 내갔대.

그런데 말이야, 아무리 생각해도 한옥 부엌은 너무 불편한 거 같아. 낮은 부엌 바닥에 쭈그려 앉아서 불을 때야 하고, 허리를 구부린 채 반찬을 만들고 밥도 푸고 국도 퍼야 하잖아. 이런 부엌에서 일을 하면 "아이고, 허리야!" 하는 소리가 절로 나왔을 거야.

불편한 게 또 있어. 밥을 먹으려면 부엌에서 상을 차려 방까지 들고 가야 하잖아. 그래서 때로는 안방과 부엌 사이에 작은 쪽문을 내어 그릇이나 밥상을 방으로 들였다지만, 밥상을 들고 방으로 옮기는 게 참 번거로웠을 거야.

그나마 안방에서 식사를 하면 다행이지. 안채에서 떨어진 사랑채까지 밥상을 들고 다녔다고 생각해 봐. 옛날 여자들은 힘들어서 살찔 새도 없었을 거야. 헤헤헤!

이 정도면 충분해. 이번에는 틀림없이 아빠가 꼼짝 못할걸? 엄마가 이런 부엌을 좋아할 리 없잖아. 그래서 내가 정말 자신 있게 소리쳤어.

"아빠, 부엌은 진짜 안 돼요, 안 돼! 한옥 부엌은 너무 불편해요."

"맞아. 이런 부엌은 곤란해!"

이번에는 엄마가 단호하게 말했어.

"그래그래. 그런데 내 말 좀 들어 봐. 아까 온돌 방식이 이미 현대식으로 바뀌었다고 했지? 그러니까 요즘에는 부엌에 아궁이를 만들 필요가 없어. 아궁이가 없으면 부엌을 낮게 만들 필요도 없고. 결국 방바닥과 같은 높이로 부엌을 만들면 현대식 부엌과 그리 다르지 않게 돼. 그럼 별걱정 없겠지?"

"그러네. 하륜아, 넌 어때?"

엄마는 금세 만족스러운 표정을 지었어.

"뭐……, 전 됐어요."

나는 순순히 패배를 인정했어. 이번에도 또 졌어! 이제 한옥 구경도 거의 끝나 가는데……, 마음이 조급해졌어. 그런데 한편으로는 한옥이 조금씩 마음에 들기 시작했어. 하지만 아직 아빠에겐 비밀이야. 들키면 안 돼! 눈치 빠른 아빠가 이미 알고 있을지도 모르지만, 그래도 혹시 모르니까 끝까지 한옥을 잘 살펴볼 거야. ★

하륜이의 한옥 노트

놋쇠로 만든 솥에 밥을 지었다고?

옛날에는 밥을 지을 때면 부뚜막에 걸어 둔 가마솥을 썼어. 가마솥은 아주 커서 한꺼번에 밥을 많이 지을 수 있어 좋았지. 하지만 갑자기 손님이 찾아와서 적은 양의 밥을 빨리 지어야 할 때는 불편했어. 그래서 이럴 때는 '새옹'이라는 놋쇠로 만든 작은 솥에 쌀을 안치고 화로에 밥을 지었어. 새옹은 한두 사람이 먹을 정도의 밥을 짓기에 좋은 크기였거든.

새옹과 화로 말고도 옛날 부엌에는 음식을 만들거나 보관할 때 쓰는 여러 가지 물건이 있었어. 요즘처럼 수도도 없고 냉장고도 없었지만 맛있고 정성스런 음식을 만들어 내는 데에는 손색이 없었지.

솥뚜껑처럼 생긴 번철을 화로에 올려놓고 전을 부치거나 나물을 볶았어.

깨끗이 씻은 그릇을 넣어 두거나 음식을 보관하는 찬장이야.

그릇 등 물건을 얹어 두기 위해 부엌 벽에 매달아 놓은 살강이야.

새옹은 밥을 조금 할 때 썼던 놋쇠 솥이야.

통나무로 만든 이남박으로, 쌀이나 잡곡을 씻던 바가지야.

음식을 만들거나 설거지를 할 때 필요한 물을 담아 두는 물독이야.

창도 많고 문도 많아 ·—창호—·

낮에는 햇빛, 밤에는 달빛이 머물고
바람과 사람이 드나드는 곳.
바로 아름답고 멋스러운 창과 문이야.

부엌을 보고 뒷문으로 나왔더니, 다시 뒷마당이었어. 뒷마당엔 사람들은 하나도 보이지 않고 고추잠자리만 이리저리 한가롭게 날아다녔어. 나는 혼자 뒷마당을 한 바퀴 돌면서 안채를 찬찬히 구경했어.

"에헴, 에헴."

난 뒷짐을 진 채 헛기침을 하며 양반처럼 느릿느릿 걸었어.

'야, 창도 많고 문도 많네! 방 안에서 바깥 경치를 즐겼다고 하더니, 정말 경치 좋은 곳에는 어김없이 창과 문이 있구나. 그런데 어느 것이 창이고, 어느 것이 문이지? 다 비슷비슷해 보이는데…….'

안마당으로 나오면서 난 골똘히 생각에 잠겨 있었어. 엄마 아빠가 나를 지켜보고 있는 것도 모른 채 말이야.

"찰칵! 찰칵!"

"이야, 그러고 걸으니까 꼭 양반 같네. 호호호!"

"하하하! 정말 폼 나는데."

엄마가 사진을 찍으며 나를 놀리자 아빠도 따라 웃었어.

"에이 참……. 그런데 아빠, 창과 문은 어떻게 구별해요?"

나는 멋쩍어 뒷머리를 긁적이며 얼른 딴 이야기를 했어. 아빠는 웃음을 그치고 진지한 표정으로 대답했어.

"한옥에서 창과 문만큼 다채로운 게 없단다. 모양도, 크기도, 재료도, 여닫는 방법도 아주 다양해서 서양 사람들이 깜짝 놀랄 정도래. 하지만 네 말대로 그냥 봐서는 창과 문을 구별하기 힘들지."

"아빠, 부엌문이나 곳간문은 딱 봐도 문인지 알겠어요. 커다란 나무 문은 대부분 문이니까요. 그런데 한지를 붙인 건 창인지 문인지 정말 모르겠어요. 우리 아파트처럼 창은 유리로, 문은 나무판으로 되어 있으면 구별하기 쉬울 텐데……."

"걱정 마. 한옥에서는 창과 문을 엄격히 구별하지 않아. 창을 문처럼 쓰기도 하고, 문을 창처럼 쓰기도 하거든. 그래서 한옥에서는 온갖 창과 문을 통틀어 '창호'라고 하고, 그 말을 주로 사용하지."

아빠가 마당으로 난 안방 창호를 가리키며 말을 이었어.

"예를 하나 들어 볼까? 이건 '머름창'이라는 건데, 이름처럼 창은 창이지만 사람도 드나들었어. 창을 문처럼 쓴 거지."

"그런데 왜 이름이 머름창이에요?"

"창 아래쪽에 나무로 치장한 부분이 보이지? 그게 바로 머름인데, 이런 머름 위에 있는 창을 모두 머름창이라고 불러."

"머름은 멋을 내려고 만든 거예요?"

가만히 이야기를 듣고 있던 엄마가 불쑥 물었어.

"모양을 내거나 바람을 막기 위해 만든 거야. 보통 머름은 사람이 앉아서 창턱에 팔을 걸치기 편할 정도의 높이로 만들어. 이렇게 머름을 만들면 마당에서 머름 아래쪽의 방 안이 보이지 않지. 그러니까 방 안에 누워 있어도 마당에서는 잘 보이지 않는 거야. 덕분에 옛사람들은 여름에 창을 열어 놓은

채 낮잠을 즐길 수 있었지."

"휴, 아무튼 난 좋아요. 창과 문을 구별하지 않아도 되니까 말이에요. 솟을대문부터 시작해서 기단, 대청, 조왕신, 머름창까지 왜 이렇게 어려운 말이 많은지 머리가 터질 것 같았거든요. 헤헤헤."

우리는 안채에 있는 창호를 하나하나 살펴봤어. 아빠 말대로, 창호가 아주 다양하고 분위기도 제각각이지 뭐야. 그런데 다시 차근차근 보니까 창호가 크게 두 종류더라고.

"그런데 아빠, 창호를 보니까 나무로만 만든 것과 창호지를 바른 것, 이렇게 두 종류가 있네요."

"제법인걸! 잘 봤어. 크게 보면 그래. 널빤지로 만든 문을 통틀어서 '판문'이라고 하고, 살을 짜서 창호지를 바른 문을 '살문'이라고 한단다."

대문이나 중문처럼 건물 밖에 있는 문, 부엌이나 곳간처럼 중요한 살림살이가 있는 곳은 대개 햇빛을 막는 동시에 사람들이 안을 들여다볼 수 없도록 창호를 판문으로 만들었대. 판문은 두꺼운 널빤지 몇 장에 띠를 대어 만들기도 하고, 문틀에 얇은 널빤지를 끼워 만들기도 해. 아무튼 나무로 된 것은 모두 문인 줄 알았는데 창도 있더라고. 신기하지?

그 밖에 대부분은 살문이래. 살문의 창호지는 용도에 따라 다르게 발랐대. 빛이 잘 들어오게 하려면 얇게 바르고, 빛을 차단하려면 안팎으로 덧붙여 두껍게 발랐다는 거야. 아 참, 창살이나 문살에 붙이는 한지가 창호지라는 건 알지?

내가 안방 살문에 바싹 다가가 창호지를 살펴볼 때였어.

"하륜아, 창호지는 '살아 숨 쉬는 종이'라고 불린단다."

"살아 숨 쉰다고요?"

"응. 눈에 보이지는 않지만 창호지에는 작은 구멍이 아주 많아. 그 구멍으로 빛과 공기가 지나기 때문에 살아 숨 쉬는 종이라고 하는 거야."

창호지는 요즘 흔히 사용하는 유리와는 비교할 수 없을 정도로 우수하대. 유리는 빛을 그대로 통과시키니까 빛이 강해 눈이 쉽게 피로해지지만 창호지는 빛을 한 번 걸러서 통과시키니까 빛이 은은해서 눈도 편하지.

그뿐만이 아니야. 유리창은 창을 열어야 환기가 되지? 하지만 창호지를 바른 살문은 창호를 닫아 두어도 실내로 신선한 바깥 공기가 들어온대. 특히 작은 구멍이 먼지를 걸러 주어 깨끗한 공기만 방 안으로 들어오는 거지. 지금으로 치면, 자연 공기 청정기나 마찬가지야.

더 놀라운 건, 습도까지 조절해 준다는 거야. 창호지는 습기가 많으면 빨아들이고 습기가 적으면 내뿜어서 방 안의 습도를 알맞게 조절해 준다나.

어때, 정말 대단하지? 아무튼 창호지 덕분에 방 안은 늘 환하고 공기도 매우 쾌적했다는 말씀! 아빠 얘기를 듣고 있던 엄마가 갑자기 흥분한 목소리로 말했어.

"게다가 분위기 하면 또 창호지죠."

"물론이지. 창호지를 바른 창호가 얼마나 아름다운데! 이렇게 밖에서 보기에도 아름답지만, 창살이나 문살의 기하학적인 무늬가 방 안에 그림자를 드리우면 한층 더 아름답지."

아빠가 눈을 감은 채 흐뭇한 표정을 지었어.

"아빠, 밤에도 멋질 것 같아요. 방 안에 있는 사람의 그림자가 창호지에 비칠 때 말이에요. 꼭 그림자놀이를 보는 것 같을 거예요. 헤헤헤."

"어머, 맞다 맞아!"

엄마가 호들갑스럽게 손뼉을 치며 말했어. 아빠가 다시 말을 이었어.

"옛사람들은 창호를 이용해 한옥을 꾸몄단다. 한 집에도 서로 다른 무늬와 크기로 창호를 달아 한껏 다양한 분위기를 냈지. 흙벽으로 된 서민들 집은 뼈대가 약해서 창호를 크게 내지 못했지만, 양반집은 뼈대가 목조로 되어

있어서 창호를 크게 내어 화려하게 꾸몄지."

"아빠, 그런데 창호지는 언제 갈아요?"

"보통 해마다 봄이나 가을이 되면 한 차례씩 갈았지."

"우아, 그 많은 창호를 갈려면 정말 힘들었겠다."

아빠는 그저 고개만 끄덕였어. 오호, 약점 하나 발견!

잠시 뒤, 아빠는 창호를 열고 닫는 방법에 대해 설명했어. 창호는 열고 닫는 방식에 따라 크게 여닫이와 미닫이, 분합문으로 나뉘더라고.

여닫이는 앞뒤로 밀거나 당겨서 여닫는 창호로, 실내에서 마당으로 난 창호는 대부분 여닫이야. 실제로 한옥에서는 여닫이가 가장 흔하대. 생각해 보니 내 방의 방문도 여닫이야.

미닫이는 홈을 파고 문짝을 끼워 옆으로 밀어서 열고 닫아. 방과 방 사이 또는 이중문에서 여닫이 안쪽에는 대부분 미닫이가 있어. 내 방의 창문은 미닫이야.

가장 특이한 것은 분합문이야. 보통 두 짝씩 문짝을 접어서 들어 올릴 수 있게 만든 창호야. 대청마루 앞이나 방과 대청마루 사이에 분합문을 달지. 우리가 있는 안채의 대청마루에도 분합문이 달려 있었어.

이 밖에 가는 나무로 살만 만들어 놓은 살창, 구멍만 뚫어 놓은 봉창 따위도 있어. 살창은 환기와 습도 조절을 위해 부엌이나 곳간 같은 곳에 만들었고, 봉창은 환기와 채광을 위해 부엌이나 방에 만들었어.

결국 하나의 문도 나누는 방법에 따라 이름이 여럿이란 말씀! 이를테면

윤 판서댁 부엌문은 널빤지로 짠 판문이면서, 앞뒤로 여닫는 여닫이야. 대청마루의 앞문은 창호지를 바른 살문이면서, 위로 들어 올릴 수 있는 분합문이지. 어때, 너도 이해가 되지?

갑자기 아빠가 장난스런 눈빛으로 나를 빤히 바라보았어.

"한옥 창호는 여닫는 방법이 다양해서 공간 변신이 가능하단다."

"변신이요? 변신 로봇처럼 진짜 변신해요?"

내가 호기심에 가득 찬 눈빛으로 물었어.

"하하하! 뭐 그런 셈이지. 큰 잔치를 벌인다고 생각해 봐. 이럴 때 방과 방, 방과 마루 사이의 문을 열거나 들어 올리면 잔칫상이 들어갈 만한 커다란 방이나 마루가 하나 뚝딱 생기지. 그리고 문을 모두 닫으면 원래대로 공간이 분리되고. 이렇게 필요하면 언제든지 창호를 여닫아 공간을 바꿀 수 있으니까, 창호가 공간을 변신시킨다고 말할 수 있는 거란다."

"야, 기발하다! 그러니까 창호를 여닫아 방과 방, 방과 마루, 안과 밖을 하나로 만들거나 나누었다는 말이죠?"

"바로 그거야. 고정되어 있는 서양 창호와 달리 한옥 창호는 여닫는 방법이 변화무쌍해서 그만큼 공간을 다양하고 효율적으로 쓸 수 있었던 거야."

난 잠시 뜸을 들였다가 이번이 내가 한옥을 반대할 수 있는 마지막 기회라고 생각하면서, 다소 비장한 목소리로 이렇게 말했어.

"아빠, 그래도 창호는 안 돼요, 안 돼! 환기와 채광이 잘되고, 모양이 아무리 예쁘다고 해도 이대로는 곤란해요. 겨울에는 너무 추울 거 아니에요.

창호지를 해마다 가는 것도 힘들어요. 또 밖에서 나는 시끄러운 소리도 다 들리고, 도둑이 들기도 쉬울걸요. 그렇죠, 엄마?"

"나는 다른 건 몰라도 창호지 문은 꼭 달고 싶은데……."

엄마가 아쉬운 표정으로 아빠를 쳐다보았어.

"물론 전통 창호만으로 집을 지을 순 없을 거야. 그렇다고 방법이 없는 건 아니야. 요즘 한옥을 짓는 사람들은 주로 전통 창호와 유리문을 이중으로 달아. 그럼 바람도 막을 수 있고 소음과 보안까지 해결되거든. 나도 그 방법을 고려 중인데, 아무튼 좀 더 생각해 봐야겠지. 그런데 한옥 창호가 싫은 건 아니지, 하륜아?"

"아, 아, 그럼요."

"그럼 됐다."

히히, 또 졌어! 그런데 왜 웃느냐고? 몰라. 이제는 아빠한테 져도 별로 기분이 나쁘지 않은걸. 어느새 내가 한옥의 매력에 흠뻑 빠졌나 봐. 사실 한옥 창호는 꽤 분위기가 있잖아. 더구나 집을 뚝딱뚝딱 변신시켜 준다니, 말 다 했지 뭐.★

하륜이의 한옥 노트

문지방을 밟으면 복이 나간다고?

문지방은 문틀의 아랫부분에 가로 댄 나무를 가리켜. 옛사람들은 문지방을 일종의 경계라고 생각했어. 문지방이 안과 밖, 마루와 방 등을 나누어 주었거든. 또 사람이 사는 공간과 귀신이 사는 공간을 나누는 경계라고도 생각했어. 문지방 안으로는 귀신이 들어올 수 없고 사람만 들어올 수 있다고 여겼지. 그런데 문지방을 밟거나 베고 있으면 귀신이 그 사람의 몸을 통해 문지방을 넘어 방으로 들어간다고 생각했기 때문에 문지방을 밟지 못하게 했던 거야.

　사실 한옥의 문지방은 높은 편이라 문지방을 밟았다가는 자칫 넘어져서 다칠 우려가 많아. 그리고 문지방을 자주 밟으면 나무가 닳아서 틈이 생길 거야. 그러면 문틈이 벌어지면서 문을 여닫기 힘들어지고, 찬 바람이 들어와 감기에 걸리거나 몸이 상하겠지. 몸이 상해서 건강을 잃는다는 건 결국 복이 나가는 것이니까 이런 말이 생긴 걸 거야.

힘차게 뻗은 지붕은 커다란 모자 같아

• 지붕 •

한옥 꼭대기를 묵묵히 지키며
햇볕도 받아 내고, 비바람도 막아 내는 것.
바로 모자처럼 생긴 커다란 지붕이야.

아빠가 중문 앞에 서서, 안채 쪽을 바라보고 있었어. 고개를 높이 쳐들고 한 손으로 이마의 햇빛을 가린 채였지.

'아빠가 무얼 하는 거지?'

나랑 엄마도 함께 아빠 곁에 나란히 서서 따라 했어. 그랬더니 기와를 얹은 커다란 지붕이 한눈에 들어오지 뭐야. 지붕은 색이 바랜 검은색에 ㄷ자 모양이었어.

"어쩜! 완만한 곡선이 정말 아름답네. 뒷산과도 썩 잘 어울리고."

엄마가 탄성을 지르며 또다시 사진을 연신 찍었어.

"난 모자처럼 보이는데, 그것도 아주 커다란 모자! 초가지붕은 둥그스름하고 도톰한 털모자, 기와지붕은 날렵하고 세련된 중절모자 같아요."

"우아, 표현이 멋진데!"

엄마가 감탄을 했어. 내가 생각해도 근사한 비유 같았어. 히히.

"그런데 암만해도 지붕이 너무 커요. 가분수 같아요."

잠자코 지붕만 바라보던 아빠가 턱을 긁적이며 내게 말했어.

"그런 편이지. 한옥 지붕은 몸체에 비해 큰 편이야. 그래서 유난히 더 커 보인단다."

"왜 그렇게 크게 만든 건데요?"

"거기엔 다 이유가 있지. 처음에 대문 앞에서 아빠가 말했잖아. 담장에 지붕을 얹은 이유 말이야. 그것과 같아."

"아하! 기억나요. 한옥을 만드는 재료가 대부분 물과 바람에 약한 흙과 나무라서 비바람을 맞으면 썩거나 부서지기 쉽다고요."

"응. 그래서 지붕을 커다랗게 만든 거란다. 몸체보다 커다란 지붕 덕분에 비바람이 들이치지 않아 집이 오랫동안 끄떡없는 거지."

"아빠, 그럼 지붕이 클수록 좋겠네요?"

"아니, 아니지. 지붕이 클수록 무게가 많이 나가잖아. 지붕이 지나치게 크면 그 무게를 견디지 못해 자칫 집이 무너질 수 있단다. 그러니까 지붕 재료와 지붕을 떠받칠 기단, 기둥, 벽체 따위의 모든 재료를 고려해서 적절한 크기로 지붕을 만들어야 하는 거지."

내가 천천히 고개를 끄덕이자 아빠가 다시 말했어.

"지붕을 몸체보다 크게 만들면 좋은 점이 있단다."

"뭐가 좋은데요?"

"한옥 지붕은 몸체보다 큰 만큼 처마가 깊은 편이야. 처마가 깊으면 여름에는 시원하고 겨울에는 따뜻하단다."

"아빠, 처마가 뭐예요?"

그러자 아빠가 지붕 아래로 걸어가며 말했어.

"음, 말로 하는 것보다 직접 가서 보는 게 낫지. 따라와!"

지붕 밑에 이르자, 아빠가 한 손으로 지붕을 가리키며 말했어.

"여기 벽부터 저기 지붕 끝까지를 처마라고 하는 거야. 그러니까 몸체 밖으로 튀어나온 지붕 부분이 처마야."

"아하!"

그런데 지붕 밑에서 올려다보니까 처마 부분에 일정한 간격으로 가늘고 긴 나무들이 대어져 있는 거야. 아빠 말이 그 나무들이 서까래래. 그런데 서까래 때문에 처마가 쫙 펼쳐진 새 날개처럼 보이지 뭐야. 그때였어.

"웬일이니, 웬일이야! 처마 곡선이 날아갈 듯 경쾌하네. 부챗살처럼 펼쳐진 서까래 좀 봐. 너무 아름다워. 진짜 예술이네!"

엄마가 처마와 서까래를 사진기로 찍으며 감탄해서 입을 다물지 못하는 거야. 그리고 사진을 찍어서는 우리에게 보여 주고, 다시 사진 찍기를 반복했어. 내가 봐도 사진이 꽤 근사했어. 잠시 뒤 엄마가 사진을 다 찍자, 아빠가 설명을 이어 갔어.

"아까 하다 만 처마 얘기로 돌아가야지. 한옥 처마가 깊다고 했지? 저렇

게 처마가 깊으면 해가 높이 뜨는 여름에는 처마 아래까지 그림자가 크게 져서 집 안이 시원하단다. 하지만 해가 낮게 뜨는 겨울에는 햇빛이 처마에 걸리지 않고 깊숙이 들어오기 때문에 집 안이 따뜻하지."

내가 고개를 끄덕이자, 아빠가 빠르게 말을 이었어.

"게다가 처마는 아래로 기울어져 있어서 집 안의 공기가 쉽게 밖으로 빠져나가지 못하고 처마 아래 공간에서 맴돌기 때문에 추위와 더위가 약해져. 결국 커다란 지붕이 집도 튼튼하게 보호해 주고, 추위와 더위도 막아 주는 거라는 말씀! 알겠지?"

후유! 지붕 모양은 단순한데 설명은 뭐가 이리 복잡한지, 머리가 다 띵하더라고. '역시 옛사람들은 지붕 하나도 그냥 만들지 않았구나!' 하며 건너편 지붕을 바라볼 때였어. 아빠가 나를 부르며 지그시 바라보는 거야.

"이 집 이름이 뭐라고 했지?"

"윤 판서댁이요."

"또?"

"또요? 음…… 엄…… 아하, 기와집이요!"

"옳지. 기와를 얹은 집이라서 기와집이라고 부르는 것처럼, 한옥 이름은 지붕 재료에 따라 붙여지기도 한단다."

초가집과 기와집은 너도 잘 알지? 아빠 말이, 너와집, 굴피집, 청석집같이 지붕 재료가 특이한 한옥들이 있대. 우리가 장소와 격식에 어울리게 모자를 쓰듯, 옛사람들은 주위에 흔한 재료로 지붕을 만들어 주변 경치와 잘 어울리는 집을 만들었다는 거야.

"하륜아, 우리나라에서 가장 흔했던 재료는 짚이란다."

"알겠다, 알겠어! 그래서 초가지붕이 가장 많았구나."

그리고 계속된 아빠의 설명을 들으면서 새로운 사실을 알게 됐지. 그게 뭔지 궁금하지?

여태까지 난 초가지붕을 짚으로만 만드는 줄 알았어. 그런데 벼농사를 짓지 않는 곳에서는 볏짚 대신 억새, 갈대, 띠 같은 기다란 풀로 초가지붕을 만들기도 했다는 거야.

초가지붕은 비도 안 새고, 열도 잘 막아 줘서 여름에는 시원하고 겨울에는 따뜻하대. 추위도 막고 더위도 막아야 하는 우리나라에는 초가지붕이 딱 안성맞춤이었던 거야. 물론 단점도 있더라고. 짚이나 풀은 비와 햇빛에 약해서 잘 썩고 쉽게 부서지기 때문에 해마다 지붕을 갈아야 한대. 하지만 재료를 구하기도 쉽고 돈도 안 들었기 때문에 일반 백성들은 대부분 초가지붕을 얹었다고 해.

"엄마는 시골 하면 제일 먼저 초가집이 떠올라. 옹기종기 모여 있는 초가집도 정겹고, 산등성이를 닮은 초가지붕도 얼마나 아름다운데! 넌 그런 걸 잘 모를걸?"

엄마가 행복한 표정을 지으며 꿈꾸듯 말했어. 쳇. 엄마는 내가 아무것도 모른다고 생각하나 봐. 초가집을 생각하면 나도 정겹고 푸근한 느낌이 드는데 말이야. 그런데 문득 궁금한 게 떠올랐어.

"그럼 짚이 없는 곳에서는 지붕을 어떻게 만들었어요?"

"이야, 제법인데! 나무가 많은 산골에서는 짚 대신 널빤지나 나무껍질을 썼지. 그런 지붕을 각각 너와지붕, 굴피지붕이라고 부른단다."

강원도 산골에서는 일정한 두께로 쪼갠 소나무 널빤지로 지붕을 덮었는데, 그 널빤지가 바로 너와야. 너와는 쪼개진 결을 따라 빗물이 그대로 흘러내려 잘 썩지 않기 때문에 십 년에서 이십 년까지 쓸 수 있대.

또 넓게 편 참나무 껍질을 굴피라고 하는데, 굴피를 얹어 만들어서 굴피지붕이라고 부른대. 굴피는 잘 썩지 않아서 '기와 만 년에 굴피 천 년'이라는 말이 있을 정도로 오래 쓸 수 있대.

굴피지붕

초가지붕

"신기한 건 너와나 굴피는 나무라서, 건조하면 바짝 오그라들기 때문에 하늘이 보일 정도로 지붕 군데 군데 틈새가 생긴다는 거야."

"네? 그럼 빗물이 새잖아요."

"그런 걱정은 안 혀도 돼. 건조할 때만 그런 거니까. 비가 오면 빗물을 흡수해서 나무가 다시 늘어나기 때문에 빗물이 새지 않거든."

"우아!"

난 탄성을 질렀어. 아빠 말대로라면, 너와지붕고 굴피지붕은 꽤 거칠고 투박했겠지만, 지붕 틈새로 하늘이 보인다니 정말 신기했어. 한가롭게 방에

너와지붕

누워 푸른 하늘에 둥둥 떠가는 구름을 보는 기분은 어떨까? 한번 경험해 보고 싶더라고.

"하륜아, 또 무슨 지붕이 있더라?"

"기와지붕이요."

아까 양반집과 부잣집 지붕은 대부분 기와지붕이랬지? 기와지붕은 흙으로 빚어 단단하게 구운 기와를 얹은 지붕이야. 기와지붕은 여기 윤 판서댁 지붕처럼 대부분 검은색인데, 간혹 유약을 발라 반짝반짝 멋을 낸 푸른 기와로 호화롭게 꾸미기도 했대.

짚이나 나무껍질 따위를 얹은 다른 지붕에 비해 기와는 썩지도 않고 물이 잘 새지도 않아서 수백 년도 거뜬히 쓸 수 있대. 그래서 지금 남아 있는 오래된 한옥 대부분이 기와집인가 봐. 하지만 기와지붕이 아무리 좋아도 일반 백성들에게는 그림의 떡이었지. 기와가 너무 비싸서 어지간해서는 생각조차 할 수 없었다니까.

"아빠, 잠깐만요! 그럼 윤 판서댁 기와는 삼백 년이나 된 거예요?"

"아마도! 그동안 기와를 군데군데 갈았겠지만, 거의 삼백 년쯤 됐을걸?"

아빠 말에, 난 놀라서 입을 다물지 못했어. 새삼 기와지붕이 다르게 보이더라고. 아, 맞아! 이 집이 삼백 살이라는 사실을 깜박하고 있었지 뭐야.

어느덧 해가 서쪽으로 기울어지고 있었어. 한창 감상에 빠져 있는데, 아빠가 다시 안채 지붕을 손가락으로 가리켰어.

"이런 지붕 모양을 팔작지붕이라고 한단다."

"네? 지붕 이름이 또 있어요?"

"하하하, 지붕은 모양에 따라서도 부르는 이름이 다 다르단다. 크게 맞배지붕, 우진각지붕, 팔작지붕. 이렇게 세 가지야."

우리는 지붕 모양도 볼 겸해서 대문을 향해 발걸음을 옮겼어. 중문을 나서자마자 저 멀리 행랑채 지붕이 보였어.

"저기 봐. 저게 바로 맞배지붕이야. 지붕의 제일 위 수평 부분이 용마루인데, 용마루를 중심으로 두 지붕면이 마주 보고 있지?"

행랑채 지붕은 앞에서 보던 가로가 긴 네모 모양이고, 옆에서 보면 팔(八)자 모양처럼 생겼어. 맞배지붕은 그 모양이 아주 단순해 보였지. 하지만 아빠는 그게 오히려 우직해 보여서 맘에 든대.

행랑채를 등지고 서서 아빠가 우진각지붕도 알려 주었어. 여기선 볼 수 없지만 그냥 쉽게 초가지붕을 생각하면 된대. 우진각지붕은 지붕면이 네 면으로 된 지붕인데, 앞에서 보면 경사가 완만한 사다리꼴이고, 옆에서 보면 세모 모양이래. 숭례문이나 광화문 같은 성문에서 흔히 볼 수 있는 지붕이라고 했어.

"하륜아, 저기 있는 사랑채 지붕은 무슨 지붕 같니?"

"어, 안채 지붕과 닮은 것도 같은데……, 팔작지붕인가?"

"맞아. 지붕 중에서 가장 아름답지."

그러자 아빠 곁에서 엄마가 낮게 중얼거렸어.

"어찌 보면 맞배지붕 같고, 또 어찌 보면 우진각지붕 같은데……."

"잘 봤어. 팔작지붕은 맞배지붕과 우진각지붕을 반씩 닮았으니까."

팔작지붕은 규모가 크거나 격식을 차려야 하는 건물에 주로 쓰이는 지붕이래. 날렵하게 하늘 높이 치솟은 지붕이 아주 위풍당당해 보였어.

나는 속으로 '꼭 우리 엄마가 눈에 붙이는 긴 속눈썹처럼 휙 올라갔네!'라고 생각하며 혼자 피식 웃었지.

드디어 집으로 돌아갈 시간이 되었어. 사람들로 북적이던 윤 판서댁은 언제 그랬냐는 듯 조용했어. 커다란 집이 아주 고요해서 쓸쓸한 느낌마저 들지 뭐야. 이상하게 가슴이 뭉클했어.

솟을대문을 나오기 전에 엄마 아빠는 아쉬운 듯 뒤돌아서서 집 안 곳곳을 천천히 둘러보았어. 나도 윤 관서댁 모습을 하나하나 눈에 담았지.

"나중에 우리 집 지붕은 기와로 된 팔작지붕으로 하면 좋겠다."

"나도요, 엄마. 대문은 솟을대문이요! 참, 마루도 깔아요. 그리고 넓은 흙마당은 꼭 있어야 하고……."

내가 이런 말을 하다니! 말을 하는 나도 깜짝 놀랐어. 어느새 내가 새로 지을 한옥을 떠올리고 있더라니까. 아빠가 아주 만족스러운 얼굴로 물었어.

"그러니까 둘 다 한옥 짓는 걸 찬성하는 거지?"

"어? 내가 벌써 새 한옥을 생각하고 있었네. 아무러면 어때? 난 찬성!"

엄마가 이렇게 말하며 나를 보는 거야. 아빠도 빤히 나를 봤지. 솔직히 이젠 한옥이 맘에 쏙 들었어. 하지만 순순히 패배를 인정하긴 싫더라고. '음, 어쩌지?' 난 잠시 망설였어. 그러다가 마침내 결심했지.

"에잇, 모르겠다. 좋아요, 나도 찬성!"

내 머릿속에 앞으로 짓고 싶은 한옥이 자꾸자꾸 떠오르는 걸 어떡해!

'작지만 아담하고 정겨운 집이 좋을까? 아님 화려하게 치장한 커다란 집이 좋을까? 그것도 아니면 음……'

엄마도 나 같은 상상을 하나 봐. 걸어가면서 괜히 배시시 웃었어.

"아빠 아빠, 우리 이왕이면 몇백 년은 끄떡없을 만큼 아주 튼튼하고 멋진 한옥을 지어요. 윤 판서댁처럼요. 그리고 '이하륜 댁'이라고 이름을 붙이는 거예요. 몇백 년 후에 사람들이 우리 집을 '이하륜 댁'이라고 부르며 찾아오게요."

"뭐? 푸하하핫!"

"어머머, 애 좀 봐. 오호호홋!"

"에헤헤헤!"

우리는 한참 동안 큰 소리로 웃었어. 서쪽 산 아래로 해는 뉘엿뉘엿 지고, 어디선가 나무 타는 냄새가 바람에 실려 왔어. 우리는 기분 좋게 차를 타고 집으로 향했지.★

기와가 나쁜 귀신을 쫓는다고?

지붕에 얹는 기와는 집을 멋스럽게 꾸며 줄 뿐만 아니라, 복을 가져다주고 나쁜 귀신과 화재를 막아 주는 역할도 했어. 기와에 연꽃이나 줄기, 덩굴, 잎 등이 얽히고설킨 덩굴무늬를 아름답게 새겨 지붕을 화려하게 장식하기도 했는데, 덩굴이 뻗어 나가듯 집안이 오랫동안 번성하길 바라는 마음이 담겨 있지. 그런가 하면, 무서운 도깨비 얼굴이나 짐승 얼굴을 새겨 나쁜 귀신을 쫓아내기도 했어.

망새
망새는 궁궐이나 절의 지붕 용마루에 얹는 커다란 기와를 말해. 망새는 전설의 새인 봉황의 모습을 본떴어. 망새를 지붕에 얹으면 나쁜 귀신을 물리치고 복을 불러온다고 생각했어.

도깨비기와
옛사람들은 도깨비가 나쁜 귀신을 쫓는다고 생각했어. 그래서 날카로운 어금니, 뾰족한 뿔, 무시무시한 눈이 있는 도깨비를 기와에 새겨 잘 보이는 곳에 얹었지.

건축가 조정구 선생님을 만나요

한옥 마당은 큰 선물 같은 곳이에요

조정구 선생님은 우연히 북촌마을 가꾸기 사업에 참여했다가 한옥의 아름다움에 푹 빠지셨어요. 오래전에 지든 한옥을 다시 설계하고 고쳐 지으면서, 집이 건강하게 살아나고 우리 삶이 정겨워지고 골목이 활기를 띠는 걸 보면서 보람을 많이 느끼고 있답니다. 조정구 선생님을 만나 한옥에 대한 생각과 자신보다 나이가 훨씬 많은 오래된 한옥에서 가족과 함께 살아가는 이야기를 들어 보았답니다.

 선생님은 언제부터 한옥에 관심을 갖기 시작하셨나요?

2001년에 서울 '북촌가을 가구기 사업'에 참여하면서 한옥과 인연을 맺었어요. 그때 한옥이 우리의 삶과 무척 가깝고도 편안한 집이란 걸 배우게 되었답니다. 그 뒤로 계속 한옥에 관심을 갖고 일하면서 한옥 레스토랑, 한옥 호텔, 한옥 갤러리, 한옥 어린이 도서관 등을 지었어요. 물론 사람들이 생활하며 사는 살림집도 여러 채 지었고요.

한옥을 짓기 시작하면서 건축에 대한 새로운 재미와 즐거움도 느끼고, 많은 것을 새롭게 배우게 됐습니다. 지금은 이 시대의 우리 삶에 걸맞은 현대 한옥을 지어야겠다는 사명감을 느끼고 있어요.

 선생님을 한옥에 빠져들게 한, 한옥만의 특별한 매력이 있다면 그게 무엇이라고 생각하시는지요?

한옥의 매력은 마당에 있어요. 마당은 그저 비워 두거나 보기만 하는 공간이 아니에요. 생활 속에서 두루 쓰이는 공간이고, 햇빛과 바람이 통하는 열린 공간이지요. 자연의 변화를 고스란히 느낄 수 있는 곳이거든요. 한옥은 독특하게 마루와 방이 서로 이어져 있어요. 방은 문을 열면 마루와 이어지고, 마루는 다시 마당으로 이어져요. 한옥은 이처럼 안과 밖이 서로 자유롭게 통하는 집이에요.

마당은 생활 속에서 여러모로 쓸모 있는 특별한 공간이에요. 잔치 같은 특별한 가족 행사도 가질 수 있고, 아이들이 마음대로 뛰어놀기도 하고, 혼자 가만히 쉬기도 하는 등 두루두루 쓰이는 공간이지요.

또 마당은 자연의 변화를 몸으로 고스란히 느낄 수 있는 공간이기도 해요. 봄이면 새싹이 돋아나는 걸 볼 수 있고, 비 오는 날이면 빗소리를 들을 수 있고, 하얀 눈이 마당의 나무에 내려와 쌓이는 풍경도 볼 수 있죠. 이처럼 마당이 있는 한옥은 햇빛과 바람, 비와 눈, 별과 달을 함께 품고 사는 집이랍니다. 그래서 한옥에 살면 '시간이 흐름에 따라 자연이 변하는구나.', '자연이 여기 있구나.' 하고 알게 돼요. 마당이 있다는 것은 '커다란 자연의 방'을 하나 더 갖는 셈이지요.

 지금 한옥에서 아이들 넷과 함께 살고 계시지요? 그럼 선생님 댁 마당에서는 어떤 일이 벌어지나요?

마당은 햇빛이 좋은 날엔 햇빛이 좋은 대로, 비나 눈이 내리는 날엔 또 그런 날대로 참 좋아요. 온 가족이 마당에 둘러앉아 밥을 먹기도 하고, 저마다 하고 싶은 대로 놀기도 하고, 그냥 가만히 앉아 쉬기도 하고요.

무더운 여름에는 마당에 고무 풀장을 만들어 놓고 아이들이 물놀이를 즐겨요. 이 고무 풀장은 아이들에게 아주 인기가 좋아서 여름이면 꼬마 친구들이 자주 놀러 오지요. 아이들 학급에서 특별 수업을 하러 오기도 하고요.

눈 내리는 겨울날에는 아이들이 마당에서 강아지와 함께 펄쩍펄쩍 뛰어다니고, 또 대문 밖 골목길에서 눈사람을 만들기도 해요.

우리 집 마당에 영산홍 나무들과 감나무 한 그루가 있어요. 봄에는 감나무에 새로 돋아나는 보들보들한 잎을 보며 가슴이 설레고, 여름에는 활짝 피어나는 꽃과 햇빛에 반짝거리는 잎을 보며 감탄하고, 가을에는 주렁주렁 열려 발갛게 익어 가는 감을 보며 뿌듯해하지요. 이런 과정을 하루하루 몸으로 느끼며 계절을 알아 가는 거지요.

한옥에서 마당은 아이들에게 큰 선물 같은 곳이어요. 사시사철 자연을 느낄 수 있고 마음껏 뛰어놀 수 있는 자유로운 공간이니까요.

 한옥에 살면서 느끼는 불편한 점이나 좋은 점은 무엇인가요?

한옥에 산다고 하면 많은 사람들이 불편한 점이 무엇인지, 또 겨울엔 춥지 않은지 궁금해해요. 하지만 아파트에서 사는 것과 차이 나는 점은 딱 한 가지예요. 아파트에서는 겨울에 얇은 반팔 차림으로 지낼 수 있지만 한옥에서는 긴팔이나 내복을 입고 지내야 한다는 정도지요.

불편한 것보다는 좋은 것이 훨씬 많아요. 대청마루가 좋고, 창살이 좋고, 계절과 자연을 몸으로 느낄 수 있다는 게 정말 좋아요. 여름에는 바람이 잘 통해 창문을 열어 두면 밤에 이불을 돌돌 말고 자야 할 정도로 시원하고, 겨울에는 뜨끈뜨끈한 아랫목 덕분에 따뜻하게 지낼 수 있는 것도 좋은 점이지요. 우리 집 아이들이 잔병치레 없이 건강한 것도 한옥에서 사는 덕인 것 같아요.

 한옥이 특히 아이들에게 참 좋은 집이라고 생각하게 된 점은 무엇인가요?

우리 부부는 첫아이가 태어나면서 마당이 있는 집에서 아이를 키우고 싶었어요. 그러던 중 인연이 닿아서 지금 사는 한옥을 구하게 되었는데, 이 집은 1958년에 지은 한옥이에요. 나보다 더 나이가 많은 집이지요. 큰애가 태어난 지 일 년이 조금 지났을 때 이 집으로 이사 와서 둘째, 셋째, 넷째 아이가 이 집에서 차례로 태어났어요. 그러니까 큰애를 빼고는 이 집에서 나고 자란 셈이지요.

한옥에서 아이들이 자라는 동안 자연스레 마음이 순하고 밝아지는 것 같아요. 무엇보다 한옥은 마당이나 툇마루, 다락방처럼 호기심 많은 아이들이 놀기에 좋은 공간이 있어서 무척 즐겁고 신 나는 놀이터가 되어 준답니다. 아이들은 마당에서 술래잡기나 숨바꼭질 놀이를 하면서 서로 양보하고 타협하는 과정을 거쳐 자연스럽게 인간관계까지 터득하게 되지요. 아이들이 집 안에서 맘껏 뛰어다녀도 옆집이나 아랫집에 피해 줄 일이 없으니 거리낌 없이 활달하게 움직이고요.

그런가 하면 마루와 댓돌, 댓돌과 마당, 마당과 대문, 다락방 등 집 안 구조물의 높이 차가 있기 때문에 저절로 몸가짐을 조심하게 돼요. 한옥은 아이들에게 정서적으로도 아주 좋은 곳인 것 같아요.

 이렇게 좋은 점이 많은데도 한옥이 점점 사라져 가는 것은 무엇 때문이라고 생각하시나요?

우리는 도시 재개발 사업에 밀려서 오래된 한옥들이 너무 쉽게 헐리고 사라져 간 것 같아요. 당장 돈이 되는 것을 중요시하다 보니 뜻깊고 소중한 역사와 문화적 가치를 우리 스스로 지켜 내지 못하는 거지요. 우리 문화 속에서 오래된 것, 우리와 함께해 온 것에 대해 자긍심을 높인다면 한옥이 다시 우리 삶과 가까워질 수 있을 거예요.

전통적인 것과 현대적인 것을 잘 조화시킬 줄 아는 지혜를 갖고 우리가 사는 집에 대해 생각해 보면 좋겠어요. 그저 높은 건물과 넓은 아파트를 짓는 식의 개발에만 힘쓸 게 아니라 진짜 살기 좋은 집과 도시는 어떤 것인지 고민하고 새롭게 찾으려는 노력이 필요해요. 이러한 노력과 행동이 계속되어야 우리의 전통 집인 한옥이 조금이라도 오래 살아남겠지요.

한옥 건축물을 지으면서 가장 중요하게 생각하고 힘을 기울인 점은 무엇인가요?

한옥이 꼭 전통적인 재료와 구조로만 지어져야 한다고 생각하지는 않아요. 더 중요한 것은 마당과의 관계예요. 한옥의 좋은 점은 마당에서 나온다고 생각하지요. 그래서 한옥을 새로 지을 때는 요즘 사람들이 생활하는 데 편리한 구조와 함께 마당을 어떻게 잘 살릴 것인지를 가장 많이 고민한답니다. 전통적인 예스러움과 현대적인 편리함을 잘 조화시키는 방법을 찾아내려고 애를 쓰지요. 이런 노력을 통해 한옥이 현대적인 삶에도 잘 맞는 편하고 아름다운 집이라는 걸 사람들이 느낄 수 있기를 바라지요.

 건축가로서 앞으로 짓고 싶은 집이 있다면 어떤 집인지 말씀해 주세요.

좋은 집은 억지를 부리지 않아요. 새로 지었어도 늘 그래 왔던 것 같은 느낌을 주는 집, 그렇게 듣담한 집을 짓고 싶어요. 어린 시절에 내가 살았던 깊고 따뜻하고 편안함이 있는 집, 자연과 소통하면서 가족을 포근히 감싸 안아 주는 집, 화려하게 꾸미거나 요란하게 자신을 드러내지 않지만 그 안에서 자연과 함께 삶이 더욱 풍성해지는 무덤덤한 집을 짓고 싶어요. 언제나 한옥의 좋은 점을 살리면서 우리 시대의 다양한 삶을 담아내는 편안하고 아름다운 집을 늘 꿈꾸고 있답니다.

건축가 조정구 선생님

현대 건축에서 출발해 지금은 한옥을 현대 건축의 대안으로 고른 건축가입니다. 2001년에 서울 '북촌마을' 한옥을 다시 짓는 작업을 맡으면서 한옥과 만났습니다. 그 뒤 서민들이 살았던 20세기 도시 한옥의 매력에 빠져들었고, 자신도 1958년에 지은 한옥으로 이사해 살고 있습니다. 우리나라 최초의 한옥 호텔 '라궁과 안동 군자 마을 회관, 한옥 어린이 도서관 '글마루' 등을 설계하고, 서울 원서동 궁중 음식 연구원, 인사동 누리 레스토랑과 식당 지리산 등을 현대 한옥으로 다시 지었습니다.

우리 생활 속에 스며드는 한옥

우리나라는 빠르게 성장하면서 옛집들이 서양식 주택이나 아파트로 탈바꿈했고, 한옥은 점차 사라졌어요. 하지만 한옥이 갖는 멋과 문화를 다시 살리려는 노력은 계속되고 있지요. 한옥을 현대적으로 새롭게 꾸민 건축물이 점점 늘어나고 있어요. 단순히 재료만 옛 한옥식으로 짓는 게 아니라 온돌과 마루의 조합, 마루와 마당이 연결되는 방식처럼 한옥의 장점을 최대한 살리면서도 현대적인 편의성을 유지하고 있지요. 새로운 한옥은 어떤 모습인지 만나 볼까요?

한옥 호텔 '라궁'

우리나라에서 맨 처음으로 지은 한옥 호텔이에요. '라궁'은 '신라의 궁궐'이란 뜻이에요. 전통 한옥의 멋과 아름다움을 현대에 맞게 되살렸어요. 방이 세 개씩 딸린 한옥 열여섯 채가 백 미터도 넘는 긴 회랑을 따라 쭉 이어져 있답니다. 한옥 한 채마다 거실, 온돌방, 침실, 마루와 네모난 마당이 자리 잡고 있어요. 객실마다 ㅁ자형 기와지붕으로 둘러싸인 노천탕이 있어서 하늘을 보며 온천 목욕도 즐길 수 있답니다.

한옥 어린이 도서관 '글마루'

한옥 체험도 함께 할 수 있는 서울시 구로구에 위치한 어린이 도서관이에요. 한옥 두 채가 나란히 지어져 있는데, 두 채의 한옥은 회랑과 마당으로 이어져 있어요. 도서관을 찾은 아이들이 온돌방과 대청마루, 누마루, 마당 등을 자유롭게 누비며 책을 읽을 수 있어요. 대청마루에는 아기자기하게 꾸민 '책이야기 마당'이 있고, 온돌방에 배를 붙이고 따뜻하게 책을 읽을 수도 있어요. 2층에는 다락방이 있어 특별한 즐거움도 누릴 수 있답니다.

종로구 혜화동 주민 센터

우리나라에서 처음으로 문을 연 전통 한옥 관공서예요. 1930년대에 지어진 한옥을 다시 고쳐 주민 센터로 만들었지요. 한옥 주민 센터는 ㄷ자 모양을 하고 있는데, 나무 기둥에는 좋은 글귀를 적은 주련이 걸려 있어요. 한옥 청사와 자치 회관 사이에 툇마루가 놓여 있고, 뒤뜰에는 장독대, 가마솥, 전통 식수대도 있어 딱딱한 관공서가 아니라 멋진 고궁에 온 느낌이 든답니다. 동네 사람들이 한옥과 어울리는 석물 등을 선물해서 더 정겹고 아름다워졌지요.

새롭게 시도되는 한옥 아파트

아파트의 편리함과 한옥의 멋스러움을 함께 느낄 수 있도록 지은 집이에요. 한옥 아파트도 겉으로 볼 때는 보통 아파트와 다르지 않아요. 다만 아파트 현관문을 열고 들어가면 마당과 마루가 있고, 집 구조가 옛 한옥의 구조와 비슷하게 꾸며져 있지요. 또 황토와 나무, 돌 등으로 한옥의 멋을 살리고 있답니다. 하지만 한옥 아파트 안에 있는 마당에서는 하늘을 볼 수 없다는 아쉬움이 있지요.

도움 받은 책과 인터넷 사이트

박명덕 * 《한옥》 * 살림출판사

신영훈 * 《한옥의 고향》 * 대원사

신영훈 * 《우리가 정말 알아야 할 우리 한옥》 * 현암사

임석재 * 《한국의 전통 공간》 * 이화여자대학교출판부

최상헌 * 《조선 상류 주택의 내부 공간과 가구》 * 이화여자대학교출판부

전라남도 천년한옥 * http://hanok.jeonnam.go.kr/01kr/building/history * 한옥건축

남산골한옥마을 * http://hanokmaeul.seoul.go.kr/jsp/intro020201.jsp * 전통가옥

국가한옥센터 * http://www.hanokdb.kr/portal/main/main.asp?mid=2001 * 한옥공부

일러두기

- 맞춤법, 띄어쓰기는 국립국어연구원에서 펴낸 〈표준국어대사전〉을 기준으로 삼았습니다.
- 외국 인명, 지명은 국립국어연구원의 〈외래어 표기 용례집〉을 따랐습니다.
- 날짜는 음력과 양력을 구분하여 표기하였습니다.
- 전통 풍습과 의례 등은 시대와 지역에 따라 차이가 많이 날 수 있으므로 전통문화에 대한 어린이들의 눈높이에 맞춰 내용을 구성하였습니다.
- 이 책에 사용한 모든 자료의 출처를 밝히기 위해 최선을 다하였습니다. 누락되었거나 잘못된 점을 알려 주시면 바로잡겠습니다.
- 사진 제공 및 저작권자 : 토픽이미지 8-9 | 굿이미지 20-21, 36-37, 74-75, 90-91, 104-105, 118-119 | 이진숙 56-57 | 조선일보 134 | 구가도시건축 138, 142, 143 | 종로구 문화공보과 143 | (주)서부-한옥공간 143

토토 우리문화 학교 8

자연과 만나는 우리 한옥 이야기

초판 1쇄 2013년 5월 1일 | **초판 2쇄** 2014년 7월 18일 | **글** 이재윤 | **그림** 이경국 | **인터뷰 진행** 이장원 | **편집기획** 이세은, 아우라
디자인 이진숙 | **마케팅** 강백산, 이은영 | **펴낸이** 이재일 | **펴낸곳** 토토북 121-210 서울시 마포구 서교동 380-6 원오빌딩 3층 | **전화** 02-332-6255
팩스 02-332-6286 | **홈페이지** www.totobook.com | **전자우편** totobook@korea.com | **출판등록** 2002년 5월 30일 제10-2394호
ISBN 978-89-6496-129-2 74380 | **ISBN** 978-89-6496-083-7 74380(세트)

ⓒ 이재윤, 이경국 2013 | 이 책은 저작권법에 의해 보호를 받는 저작물이므로 무단 전재 및 무단 복제를 금합니다. 잘못된 책은 바꾸어 드립니다.